David Altmejd

DAVID ALTMEJD

Louise Déry – Galerie de l'UQAM – Montréal

Vue de l'exposition à la ANDREA ROSEN GALLERY – 2004

The Old Sculptor p. 68-69

The Sculptor's Oldest Son p. 88-89

The Outside, the Inside, the Praying Mantis p. 91, 94-95

Untitled (Bluejay) p. 66-67

Untitled (Swallow) p. 66-67

Jennifer p. 62

Brother and Sister Projected p. 72, 73

Clear Structures for a New Generation p. 38, 40, 41, 42

L'idée haute de l'homme p. 64, 65

Untitled (Dark) p. 42

Modèles nouveaux pour jeunes artistes p. 36, 37

The Builders p. 89

Le dormeur du val p. 78-79

Loup-garou 1 p. 24, 25, 26

Loup-garou 2 p. 28, 30

The Settlers p. 100, 101

Table n° 2 p. 60

Untitled (White) p. 34

The University 2 p. 10, 12, 13, 14, 18, 19, 20, 22

Untitled p. 54, 60, 80, 81, 82, 83, 110

The Settler p. 96, 97, 98-99

The University 1 p. 16, 17, 18

Delicate Men in Positions of Power p. 44, 46, 47, 48

The Student p. 76

Aménagement des énergies p. 62

Sans titre p. 64, 65

Anne Frank 2 p. 50, 52, 53

The Lovers p. 86, 87

Sarah Ahmejd p.

The Academy p. 88

Louise Déry et David Altmejd expriment leur plus vive gratitude à ceux et celles qui ont encouragé et soutenu la réalisation de cette publication, en particulier Danielle Laberge, Victor Altmejd, Andrea Rosen, Laura Mackall, David Teather et Calvin Seibert. Ils sont redevables à plusieurs collaborateurs qui les ont assistés à divers titres pour la réalisation du livre : Marc-André Roy, Donald Pistolesi, Micheline Dussault, Audrey Genois, Ève-Lyne Beaudry, Sarah Boucher et Jeremy Lawson.

De nombreuses œuvres reproduites dans ce livre se trouvent maintenant au sein de collections publiques et privées. Il convient de souligner l'encouragement que confère cet engagement de la part des collectionneurs et nous tenons à les en remercier, en particulier les institutions muséales suivantes : le Whitney Museum of American Art de New York (*Delicate Men in Positions of Power*, 2003), le Solomon R. Guggenheim Museum de New York (*The University 2*, 2004) et l'Israel Museum de Jérusalem (*Brother and Sister Projected*, 2004).

Ils remercient tout particulièrement de leur appui l'Université du Québec à Montréal, le Conseil des Arts du Canada et le ministère du Patrimoine canadien, de même que Francine Périnet et Wayne Baerwaldt, respectivement de Oakville Galleries (Oakville, Ontario) et de Illingworth Kerr Gallery, Alberta College of Art & Design (Calgary, Alberta) qui accueilleront l'exposition en 2007.

Remerciements / Acknowledgements

Louise Déry and David Altmejd wish to express their deepest gratitude to those who have encouraged and supported this project, particularly Danielle Laberge, Victor Altmejd, Andréa Rosen, Laura Mackall, David Teather and Calvin Seibert. They are indebted to many collaborators who assisted them in various capacities in the completion of this book: Marc-André Roy, Donald Pistolesi, Micheline Dussault, Audrey Genois, Ève-Lyne Beaudry, Sarah Boucher and Jeremy Lawson.

Many of the works illustrated in this book are now in public and private collections. Such commitment on the part of collectors provides vital encouragement. We would like to express our particular thanks to the following museums: the Whitney Museum of American Art, New York (*Delicate Men in Positions of Power, 2003*), the Solomon R. Guggenheim Museum, New York (*The University 2*, 2004), and the Israel Museum, Jerusalem (*Brother and Sister Projected*, 2004).

They also wish to thank the Université du Québec à Montréal, the Canada Council for the Arts and the Department of Canadian Heritage for their support, as well as Francine Périnet of Oakville Galleries (Oakville, Ontario) and Wayne Baerwaldt of Illingworth Kerr Gallery, Alberta College of Art & Design (Calgary, Alberta), who will host the exhibition in 2007.

Si le catalogue monographique se veut habituellement le reflet d'une exposition, cette première publication sur David Altmejd a surtout été envisagée comme l'espace de référence d'un corpus d'œuvres le plus vaste possible. Les très nombreuses reproductions qui s'y trouvent et l'étude qui leur procure un éclairage encore fragmentaire cherchent à produire l'écho fidèle d'une pratique extrêmement intense et réfléchie. L'œuvre que nous rencontrons ici force le regard vers des contrées étranges, le fait plonger dans les creux de l'imaginaire, laisse entrevoir cette zone caverneuse où le réel peut entamer sa propre réinvention.

Les sculptures de David Altmejd s'offrent à nous comme un espace jubilatoire, un lieu favorable à l'excès des sens. C'est un monde grouillant qui condense la mémoire et le vivant, qui fait jaillir de la mémoire et du vivant. Paradoxalement, l'œuvre se retire également au creux d'elle-même, se définit par une sorte de retrait, s'exile au cœur d'une ombre profonde qui l'ensommeille dans un état de latence. C'est l'image de la bibliothèque de Borges qui surgit, celle des galeries et des puits, des balustrades et des escaliers, des étagères et des cabinets qui confinent et projettent tout à la fois les richesses de Babel.

David Altmejd a su, en peu de temps, occuper une place de choix sur l'horizon artistique nord-américain et la singularité exemplaire de sa pratique en fait l'un des artistes les plus significatifs de sa génération. Cette monographie entend donc répondre à une nécessité : formuler un premier bilan de son travail. Et devant la mobilité de l'œuvre, elle propose également un temps d'arrêt sur ce qui est constitutif d'une production en pleine ébullition.

Préface / Preface

Louise Déry

If a monographic catalogue usually reflects an exhibition, this first publication on David Altmejd is envisaged more as a reference to the largest possible selection of his work. The many illustrations — together with the essay, which sheds but a fragmentary light on them — seek to produce a faithful echo of an extremely intense and carefully considered practice. The work we encounter here forces our gaze toward strange regions, plunges us into the hollows of the imagination, allows us to glimpse a cavernous space where reality can spark its own reinvention.

The sculptures of David Altmejd present themselves as a place of exhilaration favouring sensory excess. They are a teeming world that distils memory and life, elicits something of memory and something of life. Paradoxically, the works also withdraw into their own recesses, define themselves as a sort of retreat, exile themselves to the heart of a dense shadow that veils them in slumber, in a state of latency. It is the image of Borges's library that emerges: the galleries and well shafts, the balustrades and staircases, the bookshelves and cabinets that at once confine and reveal the richness of Babel.

David Altmejd has very quickly achieved an enviable place on the North American art scene, and the exemplary individuality of his work makes him one of the most significant artists of his generation. Thus, the present volume seeks to fulfil a need by formulating a first assessment of his work. And faced with the ever-changing nature of that work, it also proposes a moment of reflection on the elements that make up a production in continual ferment.

David Altmejd

MÉTAMORPHOSE METAMORPHOSIS

par/by LOUISE DÉRY

I

IMAGINAIRE

L'UNIVERS sur lequel s'ouvrent les œuvres de David Altmejd engendre l'étonnant dépaysement d'une beauté par trop insolite et annonce la troublante promesse d'une *transfiguration* complexe de la matière. Elles se laissent approcher comme des objets aussi lyriques que mystérieux, des opérations aussi fantasmatiques que métaphysiques. Dans ce travail qui a le pouvoir d'exacerber des raffinements esthétiques aux bords extrêmes des notions artistiques qui prévalent aujourd'hui, le statut de la réalité nous apparaît ébranlé, secoué, recadré par de multiples jeux de références qui malmènent les *a priori* habituels de cet épineux rapport au monde et à la vie que l'art s'emploie depuis toujours à mettre en place. En dépit d'une situation d'épuisement de l'époque que l'on a abondamment commentée sur le mode du naufrage, de l'échouement ou, pour évoquer Maurice Blanchot, du *désœuvrement*, toute une génération d'artistes à laquelle appartient David Altmejd cherche pourtant à métaboliser le réel en un présent grouillant de vitalité, en un présent soumis à leur présence vivifiante.

Chez Altmejd, artiste formé pendant les années quatre-vingt-dix à l'aune des écoles d'art nord-américaines de Montréal et de New York et mis en présence de tensions esthétiques aussi contrastées que celles issues des dogmes du formalisme et des avatars de la postmodernité, tout concourt à favoriser un singulier déplacement de l'acte créatif vers ces zones rétives de l'imaginaire logées entre symbolisme et fantastique, entre fabulation et inspiration. Là, dans les creux de la pensée, dans les fentes de l'intuition, l'artiste scrute les traits de plusieurs fantômes de la tradition artistique – le socle, l'ornement, le corps sculpté, le gisant, la *vanitas*, la relique, la réplique –, à dessein de s'inscrire dans cette tradition tout en s'employant à la *dé*figurer, à en *dé*faire la figure coutumière, à la soumettre à

I

IMAGININGS

THE UNIVERSE onto which the works of David Altmejd open engenders the bewildering disorientation of an exceedingly unusual beauty and announces the disturbing promise of a complex *transfiguration* of the material. The works may be approached as lyrically mysterious objects, as fantastically metaphysical operations. In this production, which has the power to exacerbate aesthetic refinements to the extreme limit of currently prevailing notions, the status of reality appears to be unhinged, shaken, reframed by intertwined references that take their toll on the usual assumptions in the tricky relationship to the world and life that art has been endeavouring to establish from the start. Despite the times' state of depletion, which has often been described as a wreck, a failure or, to evoke Maurice Blanchot, a *désœuvrement* (unworking), a whole generation of artists, to which David Altmejd belongs, is seeking to metabolize reality in a present swarming with vitality, a present that is influenced by their tonic presence.

With David Altmejd – an artist trained in the 1990's according to the criteria of the North American schools of Montreal and New York and exposed to the aesthetic tensions between the dogmas of Formalism and the avatars of Postmodernism – everything contributes to a singular shift of the creative act toward the imagination's restless zones, lodged between symbolism and fantasy, between fantasy and inspiration. In the hollows of thought, in the crevices of intuition, the artist scrutinizes the features of several ghosts from artistic tradition – the pedestal, the ornament,

des effets de miroir tout aussi scintillants que transformateurs. Il en résulte des œuvres à la complexité labyrinthique, comme en témoignent par exemple *Delicate Men in Positions of Power* (2003) et *The University 2* (2004), où des pastiches de corps et de fragments de corps sont extirpés du néant pour être redéployés et mis en scène dans un décor exubérant, chargés d'ornements tels que bijoux, breloques, fleurs, oiseaux, cristaux, etc. Ces attributs constituent mille et un trésors destinés à escorter les énigmatiques créatures de l'artiste dans ce qui semble un état de latence, une sorte d'endormissement qui n'a pourtant rien d'un trépas. Bien au contraire, nous dit l'artiste : « Ce que je fais doit être positif et séduisant. Plutôt que de pourrir, les figures que je crée se cristallisent. Cela oriente le sens de mes pièces vers l'idée de la vie plutôt que celle de la mort[1]. » La monumentalité et la luxuriance de l'écrin qui sert de parure à ces corps décomposés nous gardent bien d'y projeter quelque vision désabusée, déplorable ou désespérée du monde. Tout au plus pouvons-nous y voir une analogie avec le chaos baroque qui caractérise les présentoirs clinquants de notre société avide de consommation, au cœur desquels une faune précaire étouffe et végète, en attente d'un possible retour à la surface.

Ensemble, c'est-à-dire comme corpus constitué sur quelques années déjà, ces œuvres composent un théâtre de formes et d'organismes en mutation dont les énigmes et les merveilles appartiennent à la mémoire et au temps, bien qu'elles soient destinées à s'écrire au présent, dans l'incontournable moment de nos existences plus que jamais assimilées au βιος (*bios*). D'une part, ce qui se dit dans ce travail artistique résonne en effet entre les lignes d'un récit empreint d'Histoire, mais qui s'avère néanmoins centré sur une projection de l'humain, sur son destin universel et son désir d'immor-

---

the sculpted body, the *gisant*, the *vanitas*, the relic, the replica – to align himself with this tradition while at the same time seeking to *de*-figure it, to *un*-do its customary figure, to subject it to mirror effects both scintillating and transformative. The resulting works are of labyrinthine complexity, like *Delicate Men in Positions of Power* (2003) and *The University 2* (2004), where pastiches of bodies and body parts are plucked from the void to be redeployed in an exuberant, bangle-laden decor of costume jewellery, charms, artificial flowers, birds and crystals. These attributes constitute a thousand and one treasures meant to escort the artist's enigmatic creatures in what seems to be a state of latency, of sleep, that has nothing to do with a state of demise, however. To the contrary, the artist tells us, "What I make has to be positive and seductive. Instead of rotting, the characters in my work are crystallizing. This makes the narratives of the pieces move towards life rather than death."[1] The monumentality and luxuriance of the case that serves as these decomposed bodies' lair prevent us from projecting some disenchanted, deplorable, disastrous vision of the world onto them. At most, we can see an analogy with the baroque chaos of our consumption-happy society's tinselled display counters, in the heart of which a precarious fauna suffocates and vegetates, pending a possible return to the surface.

Taken together as a corpus made up over a number of years now, these works are a theatre of forms and organisms in mutation whose enigmas and marvels belong to memory and time, although they are bound to be written in the present, in the inescapable moment of our existence assimilated more than ever to the βιος (*bios*). On one hand, what is said in this artistic work

talité. D'autre part, ce qui se vit devant ces étonnants reliquaires nous oblige à plonger dans les labyrinthes obsédants d'un imaginaire qu'il faut d'abord expulser de ses repères pour y retrouver ce chant de l'origine, ce *réenchantement* en train de naître de l'incomplétude et de la fragile nudité de tels débris de corps en jachère. Finalement, ce qui se donne à voir ici, loin d'être latent, convie des âges incertains, remémore des jouissances originelles, interpelle au présent des rythmes tenaces. « Il se trouve qu'une même sève dégorge chaque printemps », écrit Pascal Quignard dans *Dernier royaume*. « Ce sont les arbres et les fleurs. Il se trouve que personne qui jouit n'est vieux. Ce sont les fantasmes et les étreintes. Il se trouve parfois qu'un jus qui n'a jamais séché fluidifie sans trêve le ton d'une phrase comme la macule de sang persiste à poisser sur la clé de Barbe Bleue. La jouissance laisse des traces. [...] Il faut sans cesse ramener des preuves qu'on part prélever dans le sous-sol de la terre et l'ombre de l'histoire. C'est la friche d'enchantement[2]. » Reconnaissons que la force littéraire de ce passage résonne en adéquation avec l'univers de David Altmejd, sans doute parce que cet univers s'établit sur un potentiel narratif largement tributaire de l'imagination romanesque.

C'est sur un tel terreau que David Altmejd manie et façonne, depuis une dizaine d'années, une œuvre plastique des plus singulières, appuyée sur des stratégies et des dispositifs aux règles formelles clairement définies mais offertes comme assise aux éruptions, aux effervescences, aux ensemencements les plus extravagants. Un aussi formidable dégorgement de sens et d'effets plastiques et visuels ne laisse aucun doute sur le fait que quelque chose puisse être *imaginé* pour tirer de l'absence, comme le dirait Jean-Luc Nancy, « la forme de la présence, c'est-à-dire la force du *se présenter*.

---

resounds between the lines of an account riddled with history, but this account nonetheless proves to be centred on a projection of the human, the human being's universal destiny and desire for immortality. On the other hand, what we experience before these astonishing reliquaries forces us to plunge into the obsessive labyrinths of imaginings that must be evicted from their points of reference to find the *Urlied*, the *re-enchantment* being born from the incompleteness and fragile nakedness of such debris of fallow bodies. Finally, what there is to see, far from latent, invites indeterminate ages, recalls primeval joys, accosts persistent rhythms in the present. "It happens that the same sap flows every spring," Pascal Quignard writes in *Dernier royaume*. "They are trees and flowers. It happens that no one who enjoys is old. They are fantasies and embraces. It sometimes happens that a juice that has never dried endlessly fluidifies the tone of a sentence, as the spot of blood persists in dripping on Bluebeard's key. Enjoyment leaves a trail ... One must ceaselessly bring back proof that one goes out to retrieve from the undersoil of the earth and the shadow of history. It is the wasteland of enchantment."[2] The literary force of this passage resonates in total congruity with David Altmejd's world no doubt because it is predicated upon a narrative potential largely derived from a novelistic imagination.

It is in such a breeding ground that for a decade David Altmejd has been manipulating and fashioning a most singular visual production, based on strategies and mechanisms with clearly defined formal rules, but offered as the foundation for the wildest inseminations, effervescence and eruptions. Through so tremendous a discharge of meanings and visual and plastic effects,

The University 2 – 2004

La ressource qu'il y faut doit être elle-même excessive[3]. » Voilà sans doute pourquoi, devant les sculptures de David Altmejd, le sentiment d'une aussi forte *présence* s'impose à nous, l'impression d'une *mise au présent* aussi absolue nous magnétise et nous subjugue. Ce n'est pas tant l'*inquiétante étrangeté* chère à Freud qui galvanise notre regard qu'un rapport organique et viscéral à ces corps sculptés qui nous rameute. Il n'en demeure pas moins que l'on repère et que l'on expérimente d'emblée, dans l'emportement qui préside aux inventions de l'artiste, des options et des fonctionnalités précises : imaginaire, labyrinthe, survivance, loup-garou, miroir, dispositifs, énergie, écriture, lecture. Sous l'effet d'une mécanique lyrique qui, de façon matricielle et séminale, s'échafaude sur les pouvoirs de l'intuition et de l'énergie, le sens, loin de s'épuiser dans l'œuvre, parvient à renaître sans cesse de son questionnement et des doutes qu'il installe en nous.

II

LABYRINTHE

CETTE friche d'enchantement qui s'offre en pâture au travail de David Altmejd se forme, depuis 1996, avec des ingrédients qui empruntent à la complexité borgésienne. Or, le labyrinthe en est le plus significatif. En s'intéressant à ce motif sous la poussée d'une passion pour le célèbre écrivain argentin, David Altmejd entreprend une réflexion des plus fécondes sur le rapport entre les espaces finis et infinis, et sur la dépendance entre la raison et l'intuition. Ses sculptures s'attachent très tôt à

---

something may assuredly be *imagined* to elicit from absence "the form of presence, that is, the force of *presenting itself, being presented*. The resource that is needed must itself be excessive," as Jean-Luc Nancy writes.[3] This is no doubt why, before the sculptures of David Altmejd, such a strong feeling of *presence* imposes itself, the impression of so absolute a *bringing into the present* magnetizes and subjugates us. It is not so much Freud's *uncanny* that galvanizes our gaze as an organic and visceral relationship to these sculpted bodies that stirs us. Still, we immediately notice and experience specific options and practicalities in the abandon that presides over the artist's inventions: imaginings, labyrinth, survival, werewolf, mirror, arrangement, energy, writing, reading. Under the effect of a lyrical mechanics that is like a seminal matrix erected on the powers of intuition and energy, meaning – far from exhausting itself in the work – is ceaselessly reborn from its questioning and from the doubts it instils in us.

II

LABYRINTH

SINCE 1996, the fallow field of enchantment given over to Altmejd's work has been formed from ingredients that draw upon Borgesian complexity. The most significant is the labyrinth. In turning his attention to this motif under the influence of his passion for the Argentine writer, Altmejd initiates a fertile reflection on the relationship between finite and infinite space, and on the inter-

en explorer formellement et métaphoriquement les potentialités, avec ce qu'elles supposent comme corrélations avec l'architecture, le jardin ou la cité, tout comme avec le monde de la conscience, du rêve ou de l'errance. Les couloirs, les tunnels, les cryptes, les puits, les cellules, reliés par des escaliers, des échelles, des plateaux, des seuils, des vestibules, des ponts, des chaînes, des intersections, toutes ces « confuses magnificences », pour le dire comme Borges[4], sont autant de propositions capables de s'établir en véritable analogie de la recherche, de l'intuition, de l'inspiration, du psychisme.

Le choix du labyrinthe comme structure formelle permet une dualité prolifique en ce qu'il donne lieu tant à des propositions d'esprit formaliste qu'il accueille les débordements plastiques les plus excentriques. La démarche d'Altmejd s'édifie indéniablement sur cette dualité ou cette opposition qui dynamise son propos entre condensation et expansion, entre intériorité et extériorité, entre mythologie personnelle et mise en spectacle, bref entre réserve moderniste et éclectisme postmoderne. À ce dernier égard il précise : « J'aime ces deux attitudes séparément mais j'aime leur combinaison encore davantage. La première fois que je les ai associées, c'était intuitif et c'est arrivé par hasard. Mais j'ai été très content du résultat[5]. »

Ainsi, certaines œuvres adoptent une configuration relativement abstraite et d'esprit moderniste, comme les deux structures étagées en plexiglas de 2001 aujourd'hui détruites, *Transparent Shelving Unit (Corner)* et *Transparent Shelving Unit (Cracked)*, comme l'impressionnante construction prismatique de miroir *The University 1* (2004), ou encore le grand reliquaire de plexiglas traversé de chaînes et exposé à Bâle, *Untitled* (2005). C'est le monde construit de la pensée cartésienne et

---

dependence of reason and intuition. Early on, his sculptures set out to explore the labyrinth's formal and metaphorical potential, through what they presuppose as a correlation with architecture, the garden and the city, as well as with the world of consciousness, dream and wandering. Corridors, tunnels, crypts, wells, cells, connected by stairways, ladders, plateaus, thresholds, vestibules, bridges, chains, intersections – "jumbled splendours" as Borges says[4] – are all propositions that can be placed in an analogy with research, intuition, inspiration and the psyche.

The choice of the labyrinth as a formal structure allows a prolific duality in that it both gives rise to formalist propositions and accommodates the most eccentric visual outpourings. Altmejd's process is undeniably built upon this duality or upon this opposition that energizes his reflection between condensation and expansion, interior and exterior, personal mythology and spectacle, in short, between modernist reserve and postmodern eclecticism. In this regard, he states, "I like both things separately and I like their combination even more. The first time I made that association, it was intuitive and it happened by chance. But I was very happy with the result."[5]

Thus, some works adopt a relatively abstract configuration in a modernist spirit, like the two multilevel Plexiglas structures from 2001 (now destroyed), *Transparent Shelving Unit (Corner)* and *Transparent Shelving Unit (Cracked)*, the imposing prismatic mirror structures such as *The University 1* (2004) and the large Plexiglas reliquary laced with chains that was exhibited in Basel, *Untitled* (2005). Here, it is a world constructed from minimalist Cartesian thought that provides a backdrop, between the architecture of Mies van der Rohe and the mathematical progressions

Loup-garou 1 – 1999

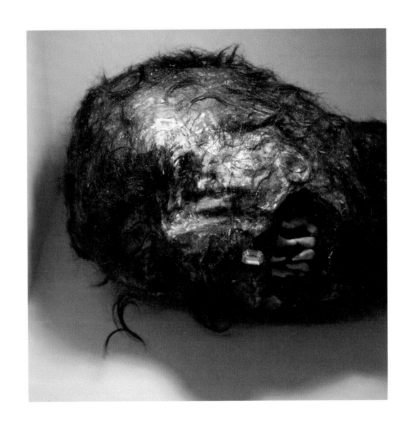

minimaliste qui sert ici de toile de fond, entre l'architecture de Mies van der Rohe et les progressions mathématiques de Donald Judd, entre les sculptures de Sol LeWitt et celles de Robert Morris ou de Robert Smithson. S'il se dit admirateur du minimalisme, David Altmejd explique en quoi il cherche à le transformer : « Je cherche à insuffler une dimension romantique au minimalisme. [...] J'ai toujours senti qu'il comportait quelque chose de plus magique et préoccupant. Je vois les structures de Sol LeWitt, spécialement ses sculptures cubiques ouvertes, comme étant étranges, presque inquiétantes. Et, encore une fois, préoccupantes. Un peu comme chez Borges. [...] Je les vois moins comme le fait d'une purification de la forme que d'une construction d'un labyrinthe[6]. »

Par contraste avec l'idée de pureté formelle, David Altmejd extirpe du monde rhizomatique de la pensée des figures corporelles qui font retour, des reliquats organiques à l'aspect primitif, des corps survivants qui renaissent et qui, immortels, renouent avec une sorte de présent éternel. Cela évoque autant le cinéma d'horreur, avec ses composantes mystiques et alchimiques, qu'une fétichisation du naturel qui entrecroise la destinée humaine avec le monde animal, végétal et minéral. Mais encore plus, c'est l'immortalité de Platon qui se trouve évoquée, celle de la métaphysique, celle du désir d'imprimer la permanence au devenir. Cette immortalité fait persister l'être dans la *présence* et dans le *présent*, le constitue comme *le plus grand étant*, celui qui dure et se maintient dans le temps et dans l'espace. Voilà pourquoi, quand on y plonge le regard, les stupéfiants dédales qu'élabore patiemment l'artiste et que démultiplient les trompe-l'œil résultant des réflexions de miroir nous semblent propices à l'espérance. En abritant ces corps anciens mais surgissants, les

———————————————

of Donald Judd, between the sculptures of Sol LeWitt and those of Robert Morris or Robert Smithson. If David Altmejd admits he admires Minimalism, he explains in what respect he seeks to change it: "I tend to romanticize Minimalism ... I always felt it had something more magical and more worrying. I see Sol LeWitt's structures, especially his open cube structures, as weird and almost creepy. And, as I say, worrying. A little bit like Borges ... I see them less as a purification of form than the building of a labyrinth."[6]

From the rhizomatous world of thought at the opposite end from this formal purity, Altmejd extricates corporeal figures that revert, primitive-looking organic remains, surviving bodies that are reborn and, immortal, reconnect with a sort of eternal present. This evokes the mysticism and alchemy of horror movies as well as a fetishization of the natural that crosses human destiny with the animal, vegetable and mineral kingdoms. But even more, it is Platonic immortality that is evoked, the immortality of metaphysics, of the desire to imprint becoming with permanence. This immortality makes being persist in *presence* and, in the *present*, constitutes it as the most intense form of *existence*, that which endures, maintained in time and space. This is why, when one's gaze penetrates the stupefying mazes the artist patiently puts together, and that mirror-reflection trompe-l'oeil intensifies, they seem to foster hope. By sheltering these ancient but resurgent bodies, the artist's fabulous constructions favour optimism and focus on the idea of survival. They allow us to become a *voyeur voyant* who can pierce the mirror's silvering to finally reach these labyrinthine back worlds where it seems that life can always germinate. But above all, they make

Loup-garou 2 – 2000

Loup-garou 1 1999

Loup-garou 2 – 2000

fabuleuses constructions de l'artiste favorisent l'optimisme et valorisent l'idée de survie. Ces œuvres nous permettent de devenir ce *voyeur voyant* capable de percer la peau de miroir pour finalement atteindre ces arrière-mondes labyrinthiques où il semble que la vie puisse toujours germer. Mais surtout, elles autorisent une conception vitaliste de l'existence devant ces vides remplis d'images, ces reflets pleins de visages d'antan, ces mondes pleins de nos propres visages.

Ainsi constituées, les sculptures de David Altmejd pourraient bien traduire l'impulsion d'un désir tenu au plus près de ce qui est organique et incarné. « Je vois mes installations comme des organismes », dit-il. « Je débute en faisant quelque chose, mais à un certain point les choses commencent à se faire d'elles-mêmes[7]. » C'est le processus qui l'intéresse et qui le guide : « J'aime la sensation de perdre le contrôle, de ne pas être celui qui fait les choix[8]. »

Il y a une dimension phénoménologique dans cette attitude qui repose sur un désir d'explorer et de comprendre la structure interne du monde tout en permettant qu'elle trouve à s'imposer ou à s'édifier d'elle-même. Cette « raison sensible[9] », qui prend le pas sur une manière mécanique de créer, est un élément fondateur de la recherche de David Altmejd et elle prend, par extension, la forme d'un acte de foi en la nature. Dans cette vision de la nature, la figure du vivant est centrale, mais il s'agit de celle d'un *homme nature* ou d'un *homme animal*, un *être à vivre* dont l'humanité se résorbe, voire se résout dans une forme d'animalité. Parce qu'il nous semble capable de se remettre à respirer dans une sorte de printemps perpétuel, un tel corps en éclosion favorise une conjoncture de survivance, un état romantique, un état de renouveau qui se conjuguent au présent.

---

feasible a vitalist concept of existence before these vacuums filled with images, these reflections filled with the faces of yesteryear, these worlds filled with our own faces.

Thus constituted, the sculptures of David Altmejd could easily convey the impulse of a desire that clings to the organic and incarnate. "I see my installations as organisms. I start making something but at a certain point it starts making choices by itself,"[7] he says. It is the process that interests and guides him: "I like the feeling that I'm losing control and I'm not the one making the choices."[8]

There is a phenomenological dimension to this attitude, resting upon a desire to explore and understand the internal structure of the world while allowing it to impose itself or build itself on its own. This "perceptible reason,"[9] which supersedes mechanical creation, is a founding element of Altmejd's research and, by extension, takes the form of an act of faith in the face of nature. In this vision of nature, life – "livingness" – is central, but it is the life of a *natural man* or *animal man*, a *life-bound being*, whose humanity is reabsorbed, indeed resolved into a form of animality. Because such a body in formation seems capable of starting to breathe again in a sort of eternal spring, it promotes a conjuncture of survival, a romantic state, a state of renewal that combines with the present.

SURVIVANCE

PARLER ici de renouvellement en faisant usage du terme romantique permet, au passage, de relier David Altmejd à cette génération d'artistes qui se pose en faveur d'une représentation de l'infini ayant pour fondement la recherche du sublime, du merveilleux et du fantastique. Mais cette brève définition vaut pour autant qu'une dimension spirituelle née tant d'un goût pour l'histoire que d'une saisie du présent y soit solidement associée. Comme l'écrit Pascal Quignard, « un présent intense est du jadis vivant[10] ». Ce qui se dessine aujourd'hui dans le cinéma, les arts visuels, la bande dessinée et une bonne part des jeux de divertissement multimédia, et ce qui se profile dans cet enthousiasme pour une société à l'esprit chevaleresque éprise de récits épiques mais paradoxalement issue de la culture pop, c'est sans doute une conception de la vie qui élargit le cercle étroit de l'existence journalière dans la direction du sentiment idéalisé, de l'idéal entrevu. Lorsque David Altmejd donne pour titres à ses œuvres des dénominations génériques telles que *The University,* *The Lovers,* *The Builders,* *The Academy*, ou encore *The Settler*, c'est en vertu d'une disposition intellectuelle qui s'édifie sur une interprétation philosophique, voire sur une *nécessité* philosophique traditionnellement portée par ces figures constituantes fortement idéalisées de l'histoire et de l'histoire de l'art. Et ces figures sont caractérisées de façon allégorique par des corps très anciens, mais des corps capables de régénérescence, de renaissance, malgré qu'ils soient mutilés et incomplets, ou plus justement *parce qu'*ils sont fragmentaires et *in progress*. Là se loge le désir de survivance, de pérennité, sur fond de tradition revisitée et dans la reconnaissance d'une époque où l'idée de l'image achevée, figurable et définie du monde n'est plus guère possible.

SURVIVAL

TO USE the term "romantic" in speaking of renewal incidentally links Altmejd to the generation of artists who stand in favour of a representation of the infinite based on the quest for the sublime, wondrous and fantastic. But this short definition is valid only so long as it is closely associated with a spiritual dimension arising from both a taste for history and a grasp of the present. As Quignard writes, "An intense present is a past that is alive."[10] What is emerging today in the movies, the visual arts, cartoons and a good many multimedia games, and what takes shape in this enthusiasm for a society with a spirit of chivalry, enamoured of epics but paradoxically issuing from pop culture, is no doubt a conception of life that broadens the narrow circle of daily existence in the direction of idealized feeling, of imagined ideal. When Altmejd gives his works generic titles like *The University,* *The Lovers,* *The Builders,* *The Academy* and *The Settler*, it is in accordance with an intellectual disposition built upon a philosophical interpretation, indeed a philosophical *necessity* traditionally borne by these highly idealized constituent figures of history and art history. And these figures are treated allegorically as very old bodies that are capable of regeneration, resurgence, rebirth, despite being mutilated and incomplete, or more properly because they are fragmentary and "in progress." Therein resides the desire for survival – living *on* – for eternity, against a background of tradition revisited and in the recognition of an era when the idea of the completed, figurable and definite image of the world is scarcely possible any longer.

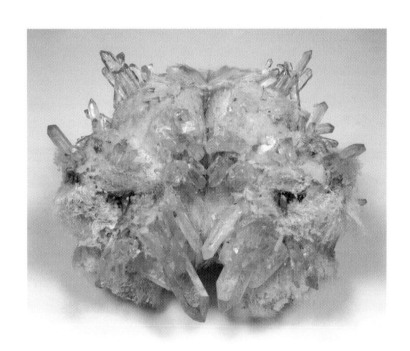

Untitled (White) – 2001

Chez Altmejd, cet état romantique s'instaure sur un mode baroque et sur un fond de pensée humaniste aux relents médiévaux, comme en témoignent les références conscientes qu'il ne manque pas d'établir en mettant ainsi en scène ses corps sculptés aux allures de monstres mythiques. On croirait y distinguer tout autant des figures tirées des légendes et de l'Histoire, des sculptures détachées des tympans romans, des gisants calqués sur des tombeaux anciens, que des créatures d'épouvante nées des vues de l'imagination. Mais ce qu'il importe de considérer, dans les microcosmes de David Altmejd, c'est que le corps en μίμησις *(mimesis)*, celui qui sert de cœur à toute son entreprise, est en fusion avec la nature, se doit de l'être, car dans ce nouvel idéal romantique, il s'avère impérieux non seulement d'attiser une stratégie de personnification de la nature, mais il s'impose de le faire en écho au mythe. Le corps qu'il propose est d'abord né, en 1998, de la figure du loup-garou. On la voit apparaître dans *Loup-garou 1* (1999) et *Loup-garou 2* (2000). Peu à peu, elle se transforme en effigie toujours caractéristique de la dualité *homme animal* mais elle est appelée à connaître des mutations au fil du temps pour emprunter, dans les œuvres récentes, des postures de plus en plus détachées de ses traits primitifs au profit, comme dans *The Lovers* (2004), de nouvelles propriétés reliées aux mondes de l'esprit et du sentiment.

This romantic state settles upon Altmejd's work in a baroque mode, over a bass line of humanist thought with a medieval tinge, as witness the conscious references in staging sculpted bodies and monsters of a mythical bent. There seem to be just as many figures from legend and history, just as many sculptures detached from Romanesque tympanums and *gisants* moulded from ancient tombs, as frightening creatures born of the vistas of the imagination. But what is important to consider in Altmejd's microcosms is that the body in μίμησις *(mimesis)* at the heart of his entire enterprise is, and must be, fused with nature – for in the new romantic ideal, it is imperative not only to spark a strategy of personifying nature, but to do so by echoing myths. The body he proposes was first born in 1998 from the figure of the werewolf. It appeared in *Loup-garou 1* (1999) and *Loup-garou 2* (2000). Over time, it was gradually transformed into an effigy that, while still characteristic of the *man-animal* duality, has undergone mutations. In the recent works, it has adopted postures increasingly detached from its early traits to take on new ones linked to the world of the mind and feelings, as in *The Lovers* (2004).

Modèles nouveaux pour jeunes activistes – 2002

LOUP-GAROU

LORSQU'IL parle du loup-garou, David Altmejd revient inévitablement sur Borges, dévoile son atti-rance pour la symbolique des cristaux et sa conception de l'énergie comme catalyseur de toute trans-formation. Il exprime ce qui semble très près d'une philosophie personnelle où la nature, malgré son caractère souvent violent et inquiétant, est garante de cette immortalité idéalisée qu'il cherche à exprimer. Ainsi, après avoir réalisé quelques œuvres incorporant des moulages de crânes en plâtre (*Modèles d'esprit*, 1999), il s'emploie à fabriquer avec le plus grand soin – s'inspirant pour ce faire des images archétypales qu'en ont données les contes et les légendes, les récits mythologiques et tout par-ticulièrement le cinéma de science-fiction – des fragments de corps de loups-garous. Il fait le choix de cette figure en toute conscience des rapports qu'elle soulève avec le corps humain, mais dont il souhaite se tenir à distance : « J'ai toujours été très attiré par l'art qui renvoie au corps d'une manière fragmentée, comme dans le travail de Kiki Smith. [...] De telles œuvres sont toujours extrêmement puissantes parce qu'elles nous sont familières en termes d'expérience. En utilisant des morceaux d'un corps de monstre plutôt que ceux d'un corps humain, j'ai pensé que je parviendrais à conserver la force et le pouvoir de l'objet tout en éliminant le côté familier. J'ai senti que c'était une expé-rience plus intéressante parce que ça devenait à la fois puissant et bizarre. Ça devenait quelque chose d'étranger. Il y a aussi quelque chose de complexe à propos du loup-garou parce que cette figure peut être vue comme une métaphore de l'être partagé entre un bon côté et un côté diabolique[11]. »

Ces mains, ces bras, ces genoux, ces pieds, ces têtes modelés dans la résine pour être ensuite enduits de couleur et recouverts de poils sont assez près du corps humain pour en constituer un

---

WEREWOLF

WHEN David Altmejd talks about werewolves, he inevitably turns to Borges, revealing his attrac-tion to the symbolism of crystals and his conception of energy as the catalyst of all change. He expresses what seems very close to a personal philosophy wherein nature, despite its often disturb-ing violence, guarantees the idealized immortality he seeks to express. Thus, after having executed works incorporating plaster casts of skulls (*Modèles d'esprit*, 1999), he set about making, with the greatest of care, werewolf body parts inspired by archetypical images from stories, legends, myths and especially science-fiction movies. He chose this figure fully cognizant of, yet wishing to take his distance from, the relationship it raises with the human body: "I've always been very interested in art that refers to the body in a fragmented way, like in Kiki Smith's work ... Those pieces are al-ways extremely powerful but they're very familiar in terms of experience. By using a monster body part instead of a human body part, I thought I'd be able to keep the strength and the power of the object but could eliminate the familiar aspect. I felt it was a more interesting experience because it was both powerful and weird. It did become stranger. There is also something complex about the werewolf because he can be a metaphor for being divided into a good and an evil part."[11]

These hands, arms, knees, feet and heads – moulded in resin, coloured, then covered with hair – are enough like the human body to constitute a strict referent to it, a mysterious allusion, to the point of cracking symbolic power wide open. These strips of flesh and heaps of bone would be truly

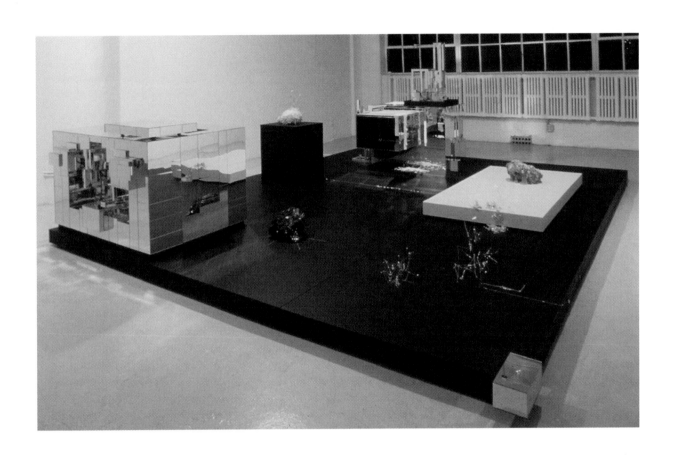

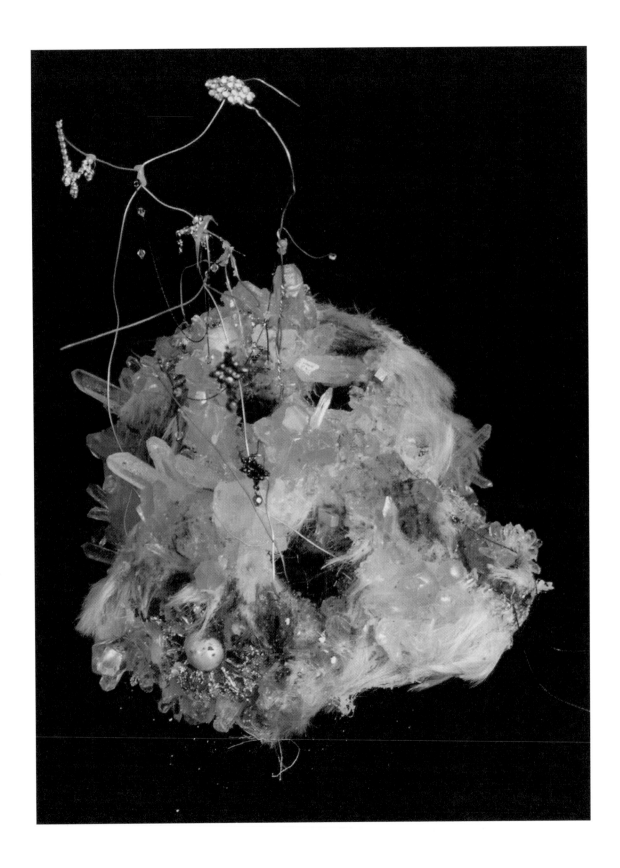

référent incontestable, une allusion mystérieuse au point d'en entrouvrir largement la puissance symbolique. Ces chairs en lambeaux et ces ossements en morceaux pourraient sembler vraiment horribles à regarder s'ils ne s'avéraient aussi magnétiques, justement parce qu'ils sont des fractions de corps, des reliquats. On pourrait alléguer, comme Pascal Quignard, que « l'incomplet, le morcelé, le sexué attirent le complément qu'ils espèrent » et que les fragments « fonctionnent comme des appâts. La réminiscence est une chasse à ce que sa carence anime. La réminiscence, l'ajustement, la *remembrance* est une connaissance. [...] Les *fragmenta* parviennent à emprisonner une part du perdu[12]. » La part non pas figurée mais figurale de ces fragments force en effet une vision imaginée de l'être entier. Comme ces têtes et ces membres démontrent une certaine vraisemblance organique, nous ne pouvons leur être indifférents. Et parce qu'ils ont quelque chose de surgissant, donc de naissant, voilà que s'instaure, malgré l'abjection, un regard sinon bienveillant du moins favorable.

Loup-garou 1 (1999) et *Loup-garou* 2 (2000), les premières grandes sculptures qui ont ouvert cette voie de recherche, ont amorcé une prolifique série d'objets présentés à l'intérieur de larges socles en bois ayant l'aspect de caisses, de cages ou, plus récemment, de plates-formes. De près, il est clair que ces cages renferment une réalité partiellement accessible puisque des ouvertures y ont été pratiquées et que de la lumière en provient. En fait, la construction interne, composée de murets en chicane revêtus de miroir, produit un dispositif de points de fuite démultipliés tout en montrant l'image réfléchie de ces inquiétantes formes mi-humaines, mi-animales qui ont fait depuis la marque distinctive du travail de David Altmejd. C'est du moins ce que l'on croit en voyant ces têtes poilues, ces

---

horrific to look upon were they not also magnetic, for they are body parts, remains. One could claim, along with Quignard, that "the incomplete, the parcelled, the sexed attract the complement they hope for" and that the fragments "function as bait. Reminiscence is a hunt for what is brought to life by its very absence. Reminiscence, adjustment, *remembrance* is a form of knowledge ... The *fragmenta* succeed in imprisoning a part of what is lost."[12] The unfigured but figural part of these fragments in fact forces an imagined vision of the entire being. As these heads and limbs display organic verisimilitude, we cannot remain indifferent to them. And because they seem to spring forth and have something nascent about them despite their abjection, they institute a gaze that is if not benevolent at least favourably inclined.

Loup-garou 1 (1999) and *Loup-garou* 2 (2000), the first large sculptures to embark upon this path, began a prolific series of objects presented inside large wooden bases that look like crates, cages and, more recently, platforms. Upon approaching them, it is clear that these cages enclose a partially accessible reality, since they have openings with light coming from them. In fact, the internal construction of staggered low walls faced with mirror glass produces a mechanism of multiple vanishing points and at the same time shows the reflected image of these disturbing half-human, half-animal forms that have by now become the distinctive feature of Altmejd's work. At least that is how it seems in view of these immediately recognizable hairy heads, half-open jaws and bony knees. But what of the other side of the mirror, in the night of these spectres immortalized by myth, literature and cinema?

Delicate Men in Positions of Power – 2003

mâchoires entrouvertes et ces genoux osseux que l'on identifie au départ. Mais qu'y a-t-il de l'autre côté du miroir, dans la nuit de ces fantômes immortalisés par la mythologie, la littérature et le cinéma ?

Ici, le réel s'allie avec son reflet tandis que se confirme la présence tangible de cette réplique énigmatique d'une tête de loup-garou. Malgré son faciès grotesque et quoique son image se répercute de façon inquiétante dans les reflets fractionnés des miroirs, elle est là, à l'échelle humaine, comme une sorte de vis-à-vis troublant, quasiment vraisemblable. Entre l'objet et son reflet, il y a le visage, transformé par son mirage, par son *imago*. Car il faut rappeler que le mot image tire sa source d'un rite funéraire romain : « *Imago* voulait dire à l'origine la tête du mort découpée, placée sous le foyer, puis surmodelée et enfourchée sur un bâton, puis posée sur le toit, puis le masque de cire empreint sur son visage, puis la peinture à la cire qui représente ses traits placée sur les bandeaux de la tête momifiée[13]. » Cette *imago* que délivre Altmejd des sortilèges du miroir n'est cependant pas, dans ses sculptures, une image funéraire. Elle serait plutôt un mirage de ce qui est perdu et, parce qu'il force la mémoire, la renaissance, le jaillissement, un mirage de ce qui est *apparaissant*. Cet *apparaissant* de l'image, on le repère dans le jeu des surfaces miroitantes où l'on distingue des excroissances brillantes qui semblent avoir poussé sur la tête tuméfiée des loups-garous. Il s'agit de cristaux finement travaillés, qui prennent l'aspect de nodules putréfiés, excrétés, sorte de lupus, d'ulcères brillants mais vivants. Soudainement, l'idée que quelque chose vit, ou du moins se transforme sous nos yeux, s'affirme, témoignage incroyable d'une énergie concentrée et latente qui laisserait craindre le pire ou pourrait susciter l'espoir : « Je suis intéressé à l'énergie reliée à la transformation et cette

---

Here, the real combines with its reflection, while the tangible presence of this enigmatic replica of a werewolf's head is confirmed. Despite its grotesque facial features and although its image reverberates disturbingly in the mirrors' fractured reflections, there it is, on a human scale, a troubling, almost believable encounter. Between the object and its reflection is the face transformed by its mirage, its *imago*. The word "image" derives from a Roman funeral custom: "*Imago* originally meant the decapitated head of the deceased, placed beneath the hearth, then overmodelled and stuck on a spike, then placed on the roof, then the wax mask impressed against the face, then the wax painting that represented its features, placed on the burial cloths wrapped about the mummified head."[13] But the image Altmejd's sculptures deliver out of the mirror's magic spells is not a funerary image. It is rather a mirage of what is lost and, by forcing memory, of rebirth, resurgence, a mirage of what is *appearing*. This *appearing* occurs in the interplay of mirror surfaces, where we see gleaming excrescences that seem to have grown on the werewolf's swollen head. These are finely wrought crystals that look like excreted, putrefied nodules, a sort of lupus of brilliant but living ulcers. Suddenly, the idea that something is alive, or at least changing before our eyes, is confirmed, incredible testimony of a concentrated, latent energy that could make one fear the worst or could arouse hope: "I'm interested in energy related to transformation and that metamorphosis between man and animal is super-intense and generates a lot of energy. So I imagine the head of the werewolf being chopped off right after the transformation is over. At least that's the story I invented for myself."[14]

Delicate Men in Positions of Power – 2003

métamorphose entre humain et animal est très intense et génère quantité d'énergie. Ainsi, j'imagine la tête du loup-garou découpée juste après que sa transformation soit complétée. Du moins c'est l'histoire que je me raconte moi-même[14]. »

En plus de la présence de cristaux qui connaissent de très lentes transformations comme structures géologiques denses et complexes et dont le symbolisme rejoint aussi bien les croyances anciennes que les fictions fantastiques d'une certaine littérature d'aujourd'hui, nous assistons à la contraction de divers temps : d'abord, celui de la figure du loup-garou, associée à un univers légendaire plus que millénaire ; ensuite celui, insensé, de la fabrication de ces formes inventées et créées par l'artiste lui-même avec la plus grande minutie bien qu'elles soient parfois vouées à être dissimulées dans une structure sophistiquée ; celui, enfin, du regard, notre regard, car ces images fuyantes, qui se répercutent dans l'abîme du miroir, n'incarnent-elles pas l'idée même de cette incapacité récurrente de l'homme, dans l'histoire de la mythologie et des superstitions populaires, à voir, mais à voir pour vrai, un loup-garou ?

Enchâssé dans la lumière fractionnée de la cage, le personnage inquiétant de nos peurs d'enfant erre, tente un retour au monde. David Altmejd en a recadré des fragments qui conservent toute leur puissance symbolique et activent leur énergie propre. Ses lycanthropes ne sont pas des corps défaits ou mutilés, morbides ou autopsiés. Leurs parties valent pour le tout, chacune d'entre elles renferme une charge, une intensité, voire une beauté propre, qui tiennent autant dans la préciosité manifeste de leur fabrication que dans l'écrin qui les expose. En les embellissant de pierres brillantes et d'éclats

---

In addition to the slowly transforming crystals – dense, complex geological structures related symbolically both to old beliefs and to contemporary fantasy fiction – we witness the contraction of various times: first, the time of the werewolf, associated with a more than thousand-year-old legendary world; then the time lavished on the manufacture of these forms, invented and created by the artist himself with the greatest thoroughness, even though they are sometimes hidden in sophisticated structures; and last, the time of the gaze, our gaze – for do these fleeting images that echo in the mirror's abyss not embody the very idea of man's recurrent inability, in the history of mythology and popular superstition, to see a werewolf for real?

The disturbing figure of our childhood fears wanders embedded in the fragmented light of the cage, attempting to return to the world. Altmejd has reframed some of its fragments, which retain all their symbolic power and activate their own energy. His lycanthropes are not dismembered, mutilated, morbid or autopsied bodies. The parts stand for the whole, each bearing a load, an intensity, indeed a life all its own, which has as much to do with the manifest refinement of their manufacture as with the case they are exhibited in. By embellishing them with sparkling stones and crystal shards, by ornamenting them with flowers and colours, by hiding them in a din of reflections and lights, or by actually exposing them to day and night, as he did with *Untitled (Swallow)* and *Untitled (Bluejay)* in New York's Central Park in 2004, Altmejd gradually manages to endow them with a regal existence. Here, the landscape is a real site, true nature, a right *outside* we might say, but an outside that is depicted as the hidden *backside* of the world and a *backsliding* of time.

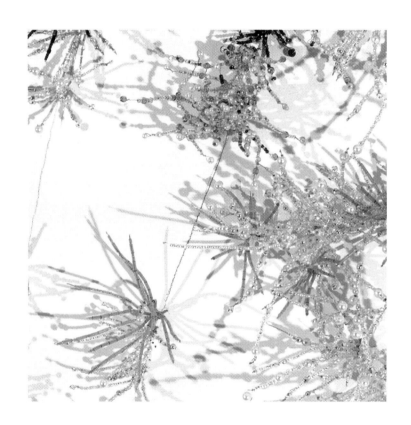

Anne Frank 2 – 1999

de cristaux, en les ornementant de fleurs et de couleurs, en les dissimulant dans un kaléidoscope de reflets et de lumières, ou en les exposant réellement au jour et à la nuit comme il l'a fait avec *Untitled (Swallow)* et *Untitled (Bluejay)* dans Central Park à New York en 2004, Altmejd en vient peu à peu à leur aménager une existence royale. Ici, le paysage est un lieu propre, une nature véritable, un *endroit* dirions-nous, mais un endroit qui est dépeint comme un *envers* du monde et un *revers* du temps.

Des œuvres comme *The Academy* (2005) et *The Settler* (2005) se donnent à voir comme de véritables jardins étagés, sorte de paysages babyloniens en état de germination, fertiles et luxuriants. Dans ces jardins fantastiques qu'il invente, les chairs en décomposition, les fragments d'os à nu, les membres prostrés et les visages crispés sont soumis à une effervescence étonnante. L'énergie spectaculaire que produisent le tranchant et l'éclat des miroirs, le kitsch des fleurs, le clinquant des bijoux, la couleur des lumières, la polymorphie des structures dans laquelle ils baignent est propice à la mutation, à la renaissance. Devant cela, toute perception relative à la mort cède plutôt la place à l'idée d'une sorte de retrait ou de repos.

Les fétiches humains de David Altmejd permettent de reposer la question dérisoire de la croyance – lorsqu'il s'agit de s'interroger sur ce que nous voyons – surtout celle qui porte sur l'art et sur ses pouvoirs transformants. Cette manière de sonder le réel, de le mettre en pièces aussi bien que de le réitérer, permet d'opérer une circulation du sens, d'en ameuter tout le potentiel, d'en projeter toutes les facettes, pour en exhiber l'éclat et en multiplier les assonances. Dans les enchevêtrements d'images que produit le miroir, une vie résonne et subjugue.

Works like *The Academy* (2005) and *The Settler* (2005) appear as multilayer gardens, fertile and luxuriant Babylonian landscapes in a state of germination. In the fantastic gardens Altmejd invents, the decomposing flesh, fragments of bare bone, prostrate limbs and taut faces are treated with astonishing effervescence. The spectacular energy produced by the mirrors' sharp edge and steely gleam, the kitsch of the flowers, the glitter of the jewellery, the colour of the lights, the polymorphousness of the structures they are inserted in, are propitious to mutation, to rebirth. In the face of this, all perception relative to death yields to the idea of a retreat or rest.

Altmejd's human fetishes let us suspend the foolish question of belief – above all, as we wonder what we are seeing, the question of art and its transformative power. This way of breaking reality into pieces and reiterating it causes a circulation of meaning, rallies all its potential, projects all its facets in order to exhibit its gleam and increase its assonances. In the overlapping of images that is produced by the mirror, an enthralling life resounds.

Anne Frank 2 – 1999

Untitled – 2000

MIROIR

« Tout cristal nous épie », écrit Borges. « Si entre les quatre murs de ma chambre il y a un miroir, je ne suis plus seul, un autre est là, le reflet que dispose dans l'aube un théâtre secret[15]. » Voilà bien ce que cherche à produire David Altmejd lorsqu'il se tourne à nouveau vers Borges pour s'inspirer de l'un des symboles les plus fréquents des hantises obsessionnelles du célèbre écrivain – le miroir. Il met au point en 1998 un mécanisme de présentation qui confine les répliques de corps à l'intérieur de cellules ou de cryptes protégées par des parois étanches mais réfléchies par le truchement de miroirs.

Cette matière, qu'il explorait déjà avant cela en fabriquant de fragiles cônes avec des feuilles de pellicule acétate au fini aluminium (*Jennifer* et *Loup-garou 1*, 1999), suggère d'emblée une multitude d'effets : en se faisant le reflet d'une réalité externe, mais en produisant une image inversée de celle-ci ; en renvoyant l'aspect apparent du monde, mais en se faisant également porte ou fenêtre pour conduire le regard vers des mondes internes, intérieurs ; en étant le lieu suprême de l'autocontemplation, du soi, bien qu'absorbant tout ce qui entoure ; en permettant la passion figurative tout en invitant l'imaginaire conceptuel, car le miroir autorise les séductions schizophréniques tout en faisant éclater la réflexion du monde en mille facettes. Plusieurs œuvres, telles que *Untitled* (2000) et *Untitled* (2001), toutes deux détruites, et surtout *The University I*, exposée en 2004 à la Galerie Andrea Rosen, sont exclusivement constituées de miroir et données à voir comme des labyrinthes architecturés et inversés dont les reflets se retournent comme un gant vers l'espace extérieur. Elles s'inscrivent dans un héritage minimaliste, comme on l'a vu précédemment en citant Sol LeWitt ou Robert Smithson,

---

MIRROR

"The mirror lies in wait for us," Borges wrote. "If within the bedroom's four walls there is a looking glass, I am not alone. There is another. There is the reflection that mounts a secret theatre in the dawn"[15]. Indeed, this is what David Altmejd seeks to reproduce when he again turns to Borges to draw inspiration from one of the most frequent symbols of the famous writer's haunted obsessions – the mirror. In 1998, he fine-tuned a mechanism of presentation that confines the replicas of bodies within cells or crypts protected by air-tight walls but reflected by mirrors.

This material, which he had previously explored by manufacturing fragile cones from sheets of aluminum-coated acetate film (*Jennifer* and *Loup-garou 1*, 1999), immediately suggests a host of effects: by becoming the reflection of an external reality, but producing a reverse image of it; by returning the apparent appearance of the world, but also becoming a door or window leading the gaze toward internal, interior worlds; by being the supreme place of self-contemplation, of self, while also absorbing everything around it; by allowing figurative passion while inviting conceptual imagination, for the mirror makes possible a schizophrenic attraction while splitting the world's reflection into a thousand facets. Some works, like *Untitled* (2000) and *Untitled* (2001, both destroyed), and above all *The University 1*, exhibited in 2004 at the Galerie Andrea Rosen, are made up exclusively of mirrors presented to view as inside-out architectural labyrinths whose reflections reverse like a glove toward the space outside. They fall in line with a Minimalist heritage, as we saw

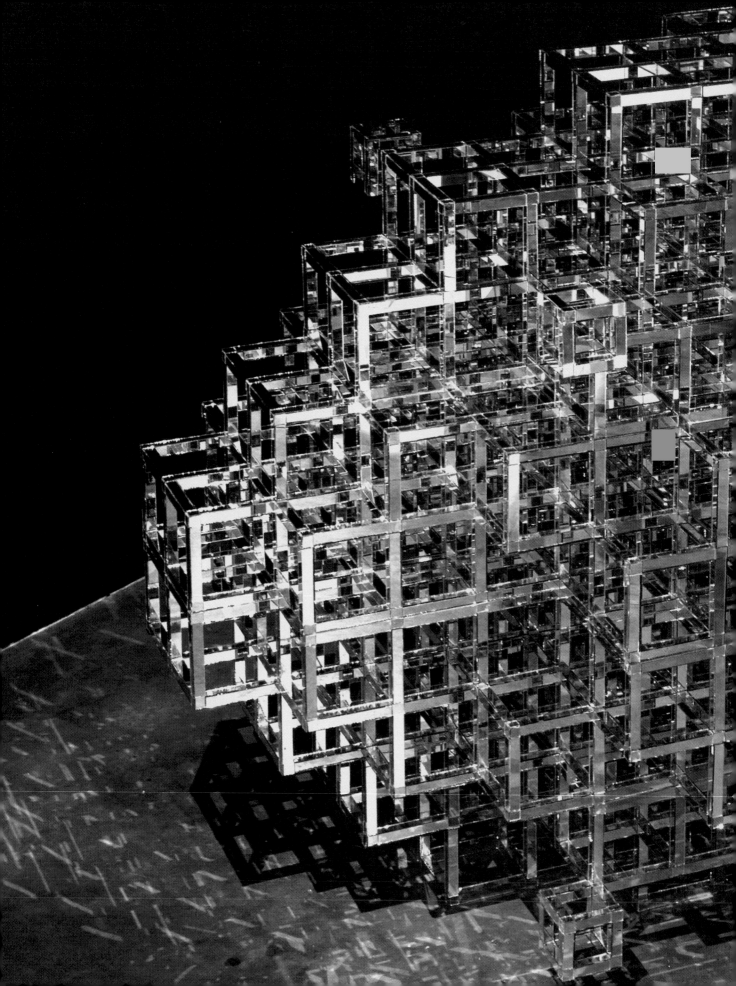

The University 1 – 2004

et en raison de leur matériau constituant, elles sont tout à fait en lien avec le célèbre cube de Robert Morris ou la *Mirrored Room* de Lucas Samaras. Elles traduisent un aspect prédominant de l'esthétique de David Altmejd : celui d'un développement construit de la forme, de l'échelle, de l'espace. Car le miroir est plat, il est d'abord un plan. Et cette planéité structure le reflet du monde pour mieux l'entrecroiser avec l'image du spectateur et le diffracter, véritable atomisation de l'image, en mille échos.

D'autres œuvres, de *Loup-garou 2* jusqu'à l'imposante sculpture intitulée *The University 2*, permettent aussi au regard de plonger dans les abysses de la construction mais elles montrent un usage différent du miroir qui offre à voir démultipliés les objets et corps qui y sont imbriqués, relégués. Le miroir devient alors le reflet d'une sorte de jardin intérieur. Il répercute de manière clinquante et kitsch le microcosme ambiant, visuellement activé par la luxuriance des fleurs, des oiseaux, des cristaux. Il permet de *re*figurer ces corps décapités et ces têtes défigurées, de préfigurer leur recomposition et leur retour au monde, de prendre les devants pour engendrer leur réapparition.

L'artiste, conscient de la magie de ce matériau aux pouvoirs d'infini, avance conceptuellement en droite ligne quand il érige ses labyrinthes miroitants, sachant que le miroir dit la vérité car ce qu'il reçoit, il le rend. À l'instar de Michelangelo Pistoletto, pour qui la vérité est essentielle à la mystification, les sculptures de David Altmejd permettent donc d'accéder à un réel distancé, froid, implacable. Comme c'est le cas dans la photographie, elles deviennent, par l'usage du miroir, des écrans sur lesquels le monde environnant peut se jouer, peut être projeté, peut véritablement se refléter. Or, le reflet a quelque chose à voir avec le réel ; il en est le détourage, la découpe, l'empreinte.

---

above in citing Sol LeWitt and Robert Smithson, and the material they are made of connects them with Robert Irwin's celebrated cube and Lucas Samaras's *Mirrored Room*. They convey a dominant aspect of Altmejd's aesthetic: development based on form, scale, space. For a mirror is flat. It is first of all a plane. And this planarity structures the reflection of the world to better enmesh it with the image of the spectator and diffract it, a true atomization of the image into a thousand echoes.

Other works, from *Loup-garou 2* to the imposing sculpture *The University 2*, also allow the gaze to plunge into the abysses of the construction, but they use the mirror differently to show infinite repetitions of the objects and bodies imbricated, consigned within. The mirror then becomes the reflection of a sort of interior garden, a glittery kitsch reflection of the surrounding microcosm, visually activated by the luxuriance of the flowers, birds and crystals. It allows a refiguring of these headless bodies and disfigured heads, a prefiguring of their recomposition and return to the world, a first step toward their reappearance.

Aware of the magic of this infinitely powerful material, the artist advances conceptually in a straight line when he erects his mirrored labyrinths, knowing that the mirror tells the truth: what it receives, it gives back. Just as with Michelangelo Pistoletto, for whom truth is an essential ingredient of mystification, Altmejd's sculptures provide access to a distant, cold, implacable reality. Through the use of the mirror, they become, like photography, screens on which the surrounding world can be played, projected, can truly reflect itself. The reflection has something to do with reality; it is its outline, its imprint.

Untitled – 1997 / Table n° 2 – 1998

Le miroir, pour en revenir à Borges, renvoie aussi à la figure du vis-à-vis, parce qu'il produit l'écho de l'objet, parce qu'il génère son double. C'est particulièrement le cas chez David Altmejd qui, avant même l'usage du miroir, a parfois eu tendance à générer les éléments de ses œuvres en les couplant. Dans *Modèles d'esprit*, il place sur deux socles se faisant face une tête en plâtre traitée en volume plein et une autre ornementée de fils perlés aux effets plutôt graphiques ; à d'autres moments, il réalise des œuvres qui semblent réagir à une forme de symétrie comme celles intitulées *Untitled* (2004) et *Untitled* (2005), un crâne à la chevelure pâle pour l'une et pour l'autre une chevelure sombre. Chaque œuvre est formée de deux têtes siamoises soudées ensemble dans une étrange symbiose. Cela produit, dans la différence, de la *mêmeté*, pour le dire comme Jean-Luc Nancy[16]. Cela engendre un rapport aux fantômes des ancêtres, à l'inquiétante expérience du double et, paradoxalement, à une possible déréalisation du soi.

Cette *mêmeté*, à l'ère de la manipulation génétique qu'est la nôtre, se prolonge dans de nombreuses autres œuvres qui ne sont pas tant le résultat d'un usage du miroir qu'un effet de gémellité ou de duo, comme dans *Brother and Sister Projected* (2004) et dans *The Lovers*. Dans cette dernière œuvre en particulier, nous entrons dans un univers de la volupté où la dimension érotique est explicitement explorée, entre attraction et répulsion, entre beauté et abjection, entre désir de vie et mort. Devant cet éden où deux amoureux gisent, crispés dans leur étreinte, on ne peut qu'imaginer l'éveil. Mais comme l'a écrit Pascal Quignard, « tous les amants lorsqu'ils s'aiment se retournent sur leur ombre et en s'enlaçant l'écrasent[17] ». Chez David Altmejd, le reflet se rabat aussi sur le réel pour former une double figure.

Getting back to Borges, the mirror also refers to the figure of the counterpart, because it produces the echo of the object, generates its double. This is particularly so for David Altmejd, who, even before using the mirror, tended to generate the components of his works by pairing them. Face-to-face bases in *Modèles d'esprit* hold one plaster head treated in full volume and another ornamented with beaded wires in a rather graphic effect. At other times, Altmejd executes works that seem to react to a form of symmetry, like those entitled *Untitled* (2004) and *Untitled* (2005), one presenting a light-haired and the other a dark-haired skull. Each work is made up of Siamese heads welded together in a strange symbiosis. In the difference, sameness is produced (to borrow Jean-Luc Nancy's concept of *mêmeté*).[16] This engenders a relationship with the ancestral ghosts, with the troubling experience of the double and, paradoxically, with a possible de-fulfilment of the self.

In our era of genetic manipulation, this sameness extends to many other works that rely less on the mirror and more on an effect of twinning, a duo, like *Brother and Sister Projected* and *The Lovers*. Particularly in *The Lovers*, we enter a voluptuous world where the erotic dimension is explored explicitly – between repulsion and attraction, abjection and beauty, death and the desire for life. Before this Eden where two lovers lie locked in an embrace, one can only imagine the awakening. But as Quignard writes, "All lovers, when they love each other, turn toward their shadow and, in their embrace, crush it."[17] With David Altmejd, reflections also fold back over reality to form double figures.

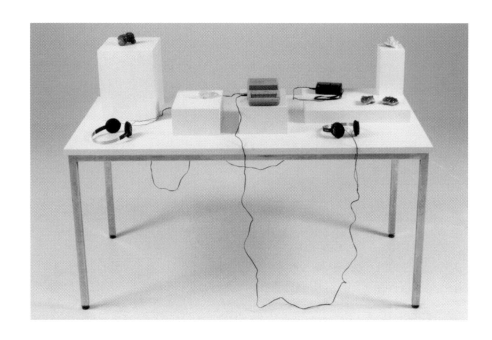

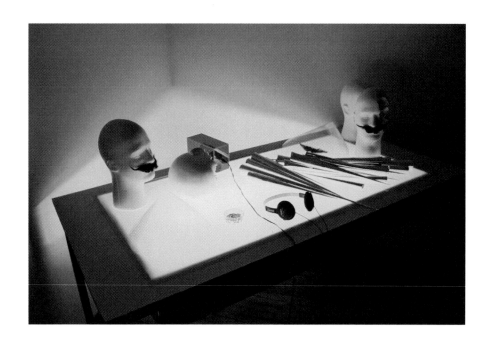

Aménagement des énergies – 1998 / Jennifer – 1998

DISPOSITIF

COMME on l'a vu, l'œuvre de David Altmejd s'est développée en vertu d'une approche de la sculpture structurée autour de quelques dispositifs formels bien établis. Si la table comme surface d'installation caractérise ses premiers essais, comme c'est le cas dans *Untitled* (1997), *Table n° 2* (1998), *Aménagement des énergies* (1998) et *Jennifer* (1999), cela découle tout naturellement de l'usage que fait l'artiste de l'espace de travail lui-même dans l'atelier ou mieux encore, en l'absence d'atelier. En surplombant comme il le fait un certain périmètre où il peut s'essayer à disposer les divers éléments qui constituent par ailleurs la source de son propre vocabulaire d'artiste – perruques, têtes en plâtre, enchevêtrement de fils, prothèses telles que casques d'écoute, ornements en matière réfléchissante comme ces cônes en papier d'aluminium, cristaux –, David Altmejd pose les principes fondamentaux de son travail de sculpteur. Il œuvre à l'intérieur de limites précises, la table s'offrant à lui comme premier dispositif créant tout à la fois l'espace d'exploration et celui de l'exposition. Dans *Aménagement des énergies*, il édifie cependant quelques structures en bois qui, déposées sur la table dont on voit bien ici qu'elle préfigure la plate-forme, agissent comme des petits socles. Sur ces derniers, il peut littéralement « aménager » certains objets, ce qui a pour effet de produire des saillies et des vides, des reliefs et des creux qui complexifient l'animation de la surface d'autant que l'artiste s'emploie à laisser déborder ses objets en bordure de la table. En 1999, *Modèles d'esprit*, exposé à la Galerie B-312 à Montréal, sera l'occasion d'autres tentatives de mise en vue. Dans cette installation des plus complexes, Altmejd choisit d'exposer ses éléments suivant deux dispositifs : la vitrine fermée avec source d'éclairage et le socle.

ARRANGEMENT

As we have seen, Altmejd's work has developed in accordance with an approach to sculpture structured around several firmly established formal arrangements. If tables are typically the installation surface in early essays like *Untitled* (1997), *Table n° 2* (1998), *Aménagement des énergies* (1998) and *Jennifer* (1999), this evolves quite naturally from the artist's use of the workspace itself, in the studio or, better still, in the absence of a studio. By overlooking a certain perimeter within which he can arrange various components that constitute the source of his individual artistic vocabulary – wigs, plaster heads, tangled wires, prostheses like headsets, ornaments made of reflecting material, like aluminum foil cones, crystals and so forth – Altmejd lays down the fundamental principles of his work as a sculptor. He works within specific limits, the table providing him a first device, creating a space of both exploration and exhibition. In *Aménagement des énergies*, however, he built wooden structures that, set on a table that can easily be seen as heralding the platform, serve as little pedestals. On these, he can arrange objects to produce projections and indentations, relief and hollows that make the surface animation more complex insofar as the artist lets his objects overlap the edge of the table. Exhibited at Galerie B-312 in Montreal in 1999, *Modèles d'esprit* was the occasion for further trials in display. In this most complex installation, Altmejd chose to exhibit components arranged according to two systems: the closed glass case with light source and the base.

Sans titre. L'idée dure de l'homme lui sort par la tête / Sans titre – 1999

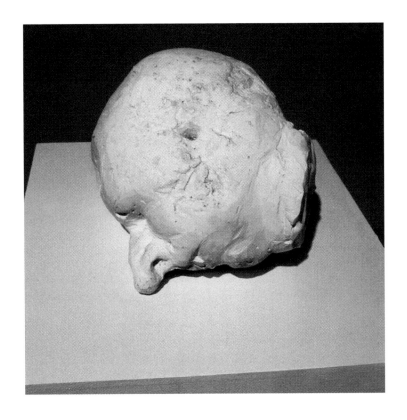

Untitled (Bluejay) / Untiled (Swallow) – 2004

The Old Sculptor ~ 2003

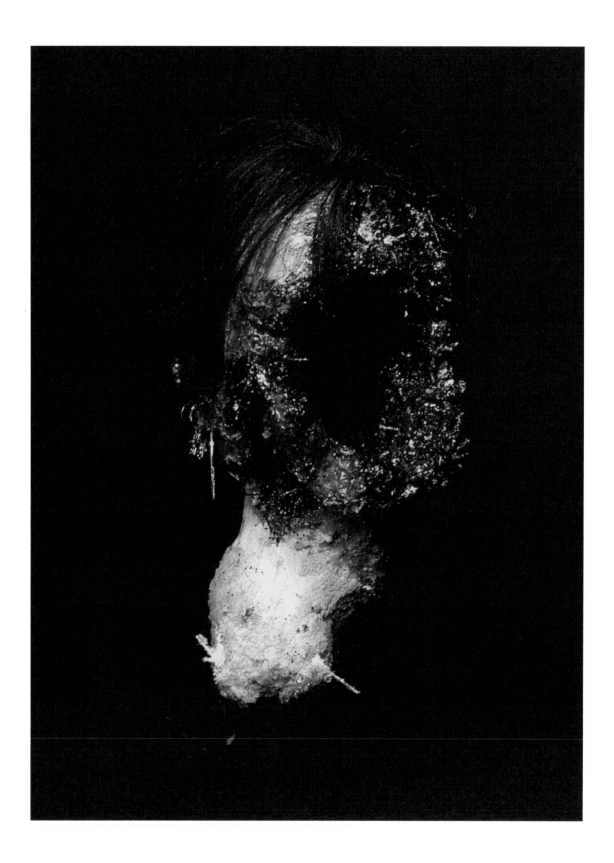

Sarah Altmejd – 2003

Lorsqu'il crée la figure du loup-garou à l'automne 1999, il hésite sans doute à la mettre en vue sur un présentoir si bien qu'elle apparaît, au moment de sa première exposition, enchâssée dans une structure en bois qui ressemble de près aux caisses que l'on utilise pour le transport des œuvres d'art. Avec ses caractéristiques de construction aussi sommaires qu'évidentes, la caisse offre un plan horizontal qu'il faut surplomber pour regarder le paysage de cônes en papier miroir qui l'occupe en surface. Sur deux des côtés, des cavités sont construites pour placer, sorte d'écrin éclairé, les fragments de corps de loup-garou qui ont l'air de revenir d'outre-tombe. Altmejd expose *Loup-garou 1* et *Loup-garou 2* ensemble, lors de *Point de chute* à la Galerie de l'UQAM à Montréal. Ainsi associées, ces deux œuvres produisent une impression profonde et conduiront l'artiste à de multiples variations de mises en vue. *Loup-garou 1*, en particulier, y prend toute son importance non seulement parce que cette sculpture signe la naissance de la figure du lycanthrope mais aussi parce qu'elle inaugure un dispositif d'exposition appelé à connaître les plus riches développements.

D'une manière générale, ces socles et dispositifs misent sur une lecture horizontale. C'est le cube formaliste sur lequel on se penche et qui donne à la sculpture son territoire propre et délimité, ce qui distingue cette pratique de celle de l'installation. Tout concourt, dans ces dispositifs souvent peints de couleurs pastel vert menthe ou lavande, à exhiber l'œuvre, à l'offrir sur un piédestal ou dans un écrin, même s'il s'agit de la mettre en quelque sorte en réserve d'un trop grand exhibitionnisme.

Les grands socles animés de creux et de labyrinthes que développe Altmejd dans ses plus récentes œuvres résultent de ces premiers dispositifs. De *Clear Structures for a New Generation* (2002)

When he created the figure of the werewolf in the fall of 1999, he was no doubt hesitant to set it out in plain sight on a counter, so at its first exhibition, it was embedded in a wooden structure resembling the packing crates artworks are transported in. Built in a rudimentary and obvious fashion, such a crate provides a horizontal plane that must be viewed from above in order to see the landscape of aluminum acetate cones occupying the surface. On two sides are cavities that form a sort of illuminated shrine for the werewolf body parts, which look like they have come back from the grave. He exhibited *Loup-garou 1* and *Loup-garou 2* together in *Point de chute* at the Galerie de l'UQAM in Montreal. Together, the two works made a deep impression, leading the artist to try variations of display. *Loup-garou 1* in particular assumed its full importance not only because the sculpture marked the birth of the lycanthropic figure but also because it inaugurated a display arrangement that would undergo a wealth of development.

In general, the bases and other arrangement systems relied on a horizontal reading. The viewer bent over a formalist cube that delimited the sculpture's territory, thereby distinguishing this practice from installation. With these devices, often painted in pastel mint and lavender, everything worked to exhibit the work, presenting it on a pedestal or encased, even if to a certain extent this shielded it from excessive exhibitionism.

The large bases with cavities and labyrinths Altmejd has developed in his more recent works grew out of these earlier ones. From *Clear Structures for a New Generation* (2002) to *The University 2* (2004), from *Delicate Men in Positions of Power* (2003) to *The Academy* (2005), these

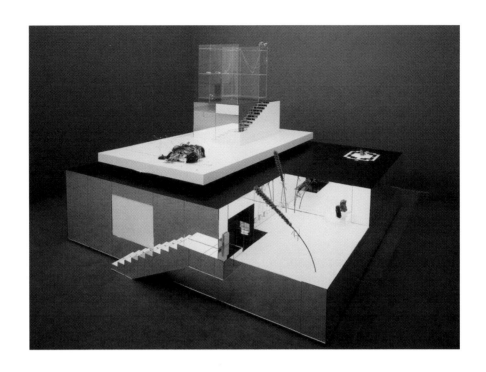

Brother and Sister Projected – 2004

à *The University 2* (2004), de *Delicate Men in Positions of Power* (2003) à *The Academy* (2005), ces œuvres montrent comment Altmejd recourt aux archétypes mêmes de la tradition sculpturale comme dispositif de monstration. Vitrine, piédestal, relief mural, plate-forme, socle sont tour à tour expérimentés pour donner aux objets qu'il assemble à la fois une assise dans l'espace et un référent tiré de l'histoire de l'art. Quoiqu'il en soit, il s'agit bien d'une pratique de la sculpture et David Altmejd se montre très précis à ce sujet : « Je me perçois comme un sculpteur et j'ai toujours essayé de ne pas pencher vers l'installation. [...] les constructions que je fais, [...] sont toujours contenues en elles-mêmes [...] ainsi le regardeur peut circuler autour. Je souhaite que la sculpture soit vue et comprise comme un organisme, comme un corps. J'aime aussi l'idée que ça ne s'arrête jamais. Vous prenez deux miroirs placés un en face de l'autre et ça se démultiplie en un nombre infini de réflexions[18]. »

Ces dispositifs, dont la fabrication conserve des traces d'ébauche, voire de ratage, peuvent faire référence tout autant aux présentoirs vitrés des boutiques de luxe ou des grands magasins qu'à l'idée de musée, celui de sciences naturelles en particulier[19]. D'une part, dégoulinures de peinture ou de plâtre, fragments de miroir fêlés, raccords imprécis des composantes, sections de bois laissées à nu ou ruptures d'échelle suggèrent une volonté de l'artiste d'offrir au regard des propositions qui ne soient pas assujetties au contrôle absolu. Cette façon de *mal faire* crée un contraste intéressant avec leur opulence physique et matérielle et avec tous les trésors qu'elles renferment. Les cristaux, les pierres brillantes, les fleurs de plastique, les bijoux, les chaînes dorées, les figurines animales et

---

works show how Altmejd resorts to the archetypes of sculptural tradition as devices for showing. He experimented by turns with the glass case, pedestal, wall relief, platform and base to give the objects he assembles both a spatial support and an art historical referent. Be that as it may, this is very much a sculptural practice, and Altmejd is quite clear on this point: "I think of myself as a sculptor, and I always try not to fall into making an installation ... The constructions I make ... are always self-contained on the platform ... so that the viewer can go around it. I want the sculpture to be seen and understood as one organism, one body. I also like the idea that it's never-ending. You take two mirrors, place one in front of the other, and it multiplies into an infinite number of reflections."[18]

These devices, whose manufacture retains traces of rough, even sloppy work, refer as much to the glass counters of luxury boutiques and department stores as to the idea of the museum, the natural science museum in particular.[19] On one hand, paint and plaster drips, fragments of cracked mirror, ill-fitted joints, sections of bare wood and ruptures in scale suggest the artist's intention to present the gaze with propositions that are not subjected to absolute control. This shoddiness, this way of doing things up wrong, creates an intriguing contrast with their physical and material opulence, with all the treasures they house. The crystals, sparkling stones, plastic flowers, jewellery, gilded chains, animal figurines and, above all, birds are objects placed in the display case to enrich these precious reliquaries where, paradoxically, decomposed remains reign. Flowers grow beside the corpses, and that creates tension, the artist explains. "The pretty aspect of the flower and the gross aspect of the cadaver combine in a way that I like,"[20] he says. For him, the

surtout les oiseaux sont autant d'objets mis en vitrine pour enrichir ces précieux reliquaires où règnent paradoxalement des dépouilles décomposées. Les fleurs poussent à côté des cadavres, explique l'artiste, et cela crée de la tension. « L'aspect joli de la fleur et celui cru du cadavre se conjuguent d'une manière que j'aime[20] », précise-t-il. Pour lui, la figure de l'oiseau fonctionne de la même manière quoique son apparition se trouve liée au processus de création lui-même et à l'utilisation de chaînes qui traversent les plates-formes : « J'ai utilisé une mince chaîne de bijouterie pour relier tous les éléments de la sculpture entre eux et pour faire circuler l'énergie. Comme s'ils étaient les éléments d'un système nerveux. Et puis, il me fallait prendre une décision afin de placer la chaîne de telle manière que cela soit beau. J'ai donc utilisé les oiseaux pour transporter la chaîne aux alentours. Si celle-ci s'arrête dans un angle, je peux juste prétendre que c'est l'oiseau qui en a décidé ainsi[21]. »

VII

ÉNERGIE

UN des aspects sur lesquels l'artiste insiste le plus lorsqu'il s'agit de parler de son travail, c'est celui de l'énergie. Il nous en donne de premiers indices dès 1998 avec des œuvres comme *Aménagement des énergies* et *Modèles d'esprit*, deux projets aux titres révélateurs dans lesquels il détermine, comme nous l'avons vu, une partie de son vocabulaire formel et de ses dispositifs de mise en espace. Altmejd y explore la question de l'énergie de diverses manières, recourant à des moyens qui en traduisent au

---

figure of the bird functions the same way, although its appearance is tied to the process of creation itself and the chains that festoon the platforms: "I'd been using a thin jewellery chain to connect all the elements in the sculpture and to circulate the energy. They were a kind of nervous system. But then I was stuck with making a conscious decision about where the chain was going to go to make it look good. So I used the birds to carry the chain around. If the chain ended up in the corner, I could just say that the bird decided to take it there."[21]

VII

ENERGY

ONE of the aspects the artist emphasizes the most in speaking of his work is energy. He already hinted at this in 1998 with *Aménagement des énergies* and *Modèles d'esprit*, two projects with revealing titles in which, as we have seen, he defines a part of his formal vocabulary and systems of spatial arrangement. In them, Altmejd explores energy in various ways, relying on means that spontaneously convey its potential, like light (*Jennifer*, 1998), motion (*Untitled*, 1997) and sound (*Aménagement des énergies*, 1998). Whether the objects, vessels and wigs quiver at the viewer's approach or an almost pure white light permeates the entire installation, the use of motorized mechanisms and electric sources signals an interest in what is not fixed, what is in transformation, has the potential to change and, so, of being alive.

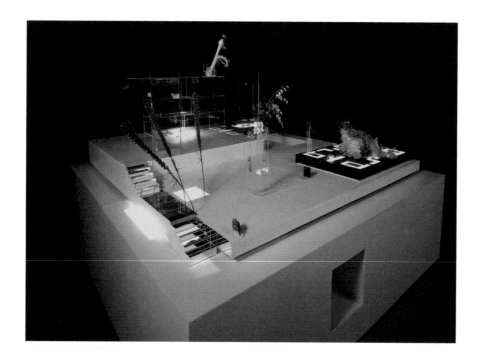

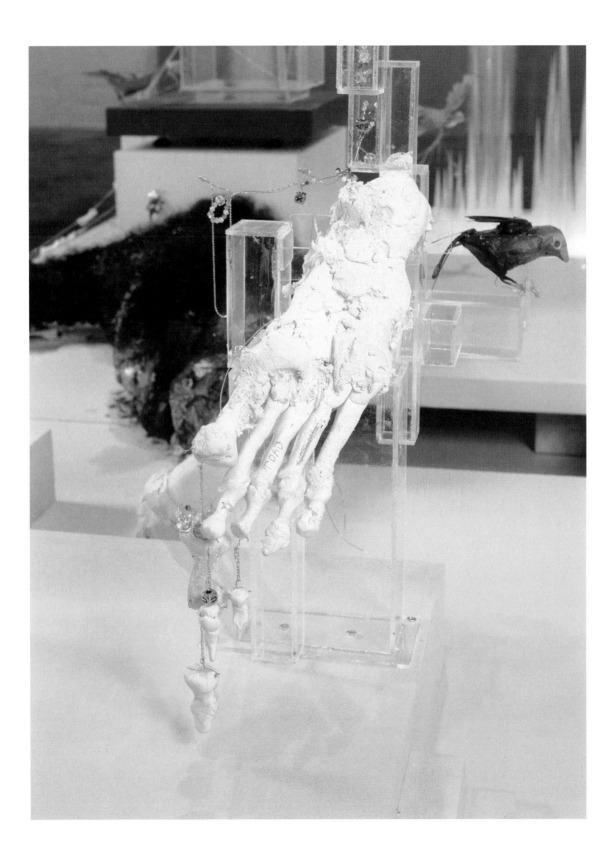

The Sculptor's Oldest Son – 2004

Le dormeur du val – 2004

Untitled – 2004

Untitled – 2004

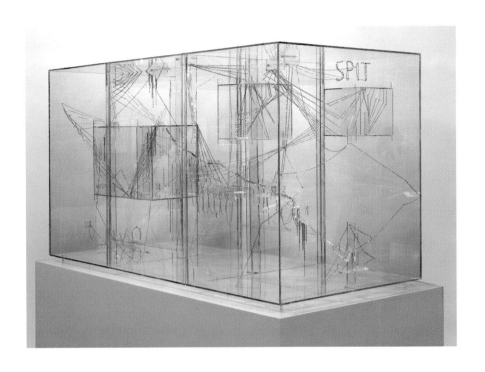

Untitled – 2005

premier degré les potentialités, comme la lumière (*Jennifer*, 1998), le mouvement (*Untitled*, 1997) ou le son (*Aménagement des énergies*, 1998). Que les objets, vases ou perruques frémissent à l'approche du visiteur, ou qu'un éclairage quasi incandescent imprègne toute l'installation, l'utilisation de mécanismes motorisés et de sources électriques signale alors un intérêt pour ce qui n'est pas fixé, pour ce qui est en transformation, pour ce qui a la possibilité de changer, donc d'être vivant.

Mais très tôt dans sa recherche Altmejd trouvera plus motivant de se référer plutôt aux mouvements de la pensée, à l'électricité qui caractérise le flux nerveux ou encore à la possibilité de voir une chose changer devant les yeux sans le recours à des mécanismes motorisés ou électrifiés. C'est l'œuvre intitulée *Modèles d'esprit* (1999) qui en constitue une première tentative permettant à l'artiste d'évoquer la question de l'énergie d'une manière conceptuelle. Dans cette œuvre aux composantes déployées dans des vitrines ou sur des socles dispersés dans l'espace d'exposition, l'artiste nous place volontairement du côté d'une approche conceptuelle de la matière en tentant de traduire le phénomène de la conduction de la pensée, de l'idée, de l'intuition, de l'inspiration. Dans une vitrine équipée d'une source lumineuse, il suspend des enchevêtrements de fils tissés de petites perles, comme s'il s'agissait de produire la représentation de chacune des stigmates qui caractérisent l'activité neuronale. Sur un des socles, un crâne de plâtre est au repos tandis que sur un autre, un inextricable réseau de fils perlés auréole une tête semblable pour symboliser l'énergie de la pensée active.

Tout comme il recourt à des archétypes de la sculpture tels que le socle pour se situer comme artiste inscrit au cœur même de l'histoire de l'art, il évoque aussi, en s'intéressant à la question de

---

But quite early in his research, Altmejd found it more motivating to refer to the motions of thought, to the electricity of nerve flux and the possibility of watching something change before our eyes without relying on motors or electrical mechanisms. *Modèles d'esprit* (1999) was a first essay in referring to energy conceptually. In this work with components deployed in glass cases and on bases distributed around the exhibition space, the artist guides us toward a conceptual approach to the material by trying to convey the phenomenon of the conduction of thought, ideas, intuition, inspiration. Inside a case with a light source, he suspends tangled weaves of little beads, as if to represent each of the marks that characterize neuronal activity. A plaster skull rests on one of the bases, while on another, an inextricable network of beaded wires haloes a similar head to symbolize the energy of active thought.

Just as Altmejd resorts to sculptural archetypes like the pedestal to place himself at the core of art history, by turning his attention to energy, he also refers to the abstract notion of the intuition any creative thought requires. He purposely leaves it to the active and aleatory character of intuition to make the work something that has life, something that could not be predetermined or strictly anticipated. "My involvement is to create something that is alive that will be able to say new things," he explains. "The energy of these living abstract organisms depends on the meanings of the work being unresolved, uncontrolled. When meaning is controlled, the resulting object is not alive, there is no tension in a logical system that functions ... I want my works to have an intelligence of their own, not just be slave to my meaning."[22] He conveys this way of fastening on to a

l'énergie, cette notion fort abstraite de l'intuition qu'exige toute pensée créatrice. Il s'en remet volontairement au caractère actif et aléatoire de l'intuition pour faire de l'œuvre quelque chose de vivant, qui ne saurait être prédéterminé ou rigoureusement anticipé. « Mon but est de créer quelque chose de vivant qui sera capable d'évoquer de nouvelles idées », explique-t-il. « L'énergie de ces organismes abstraits vivants dépend des significations irrésolues et incontrôlées du travail. Quand la signification est contrôlée, l'objet qui en résulte n'est pas vivant, il n'y a pas de tension dans un système logique qui est réglé. [...] Je veux que mes œuvres aient une intelligibilité par elles-mêmes, qu'elles ne soient pas seulement esclaves de mes significations[22]. » Cette façon de s'attacher à une *pensée pensante*, il la traduit par l'usage de matériaux linéaires formant des méandres ou des chaînes qui traversent l'espace de ses mondes sculptés et perlés. C'est ainsi qu'il relie entre eux tant les objets que les pensées, ce qui constitue un des signes manifestes de son écriture plastique.

VIII
ÉCRITURE

L'EMPLOI du terme écriture, ici, n'est pas fortuit. D'une part parce qu'il renvoie à l'ambiance narrative de l'œuvre mais également parce qu'il indique l'idée d'une signature propre dans la manière de créer et d'agencer les motifs de l'œuvre. Mais là aussi l'artiste nous force à considérer la question de l'écriture quand il trace littéralement certains signes et mots aux consonances variées sur les

---

pensée pensante (thinking thought) with linear materials that form meanders and chains crossing through the space of his sculpted and beaded worlds. In so doing, he links objects and thoughts, and this is one of the patent signs of his visual writing.

VIII
WRITING

THE TERM "writing" is not used here accidentally. For one thing, because it refers to the work's narrative atmosphere, but also because it points to the idea of a proper signature in its way of creating and arranging the work's motifs. But there, too, the artist forces us to consider the question of writing when he traces signs and words of varied consonance on the bases of such works as *Delicate Men in Positions of Power* (2003) and *Untitled* (2005). This graffiti – for example *Owl, Spit, Dissent Queer Build Clear, Raccoon, Swallow, Wasp* – is often humorous and sometimes related to gay culture.

On another level, we should briefly reconsider the large fresco woven in beaded relief entitled *Anne Frank 2* (1999), which exists in two versions, for it was the first time in his output that the word was the work. Beaded filaments form each letter to spell out on a large scale this enduring name in the collective Western imagination. By making these two words into an image, by making this image into a logo not far removed from the Star of David traced elsewhere like a graffiti,

The Lovers – 2004

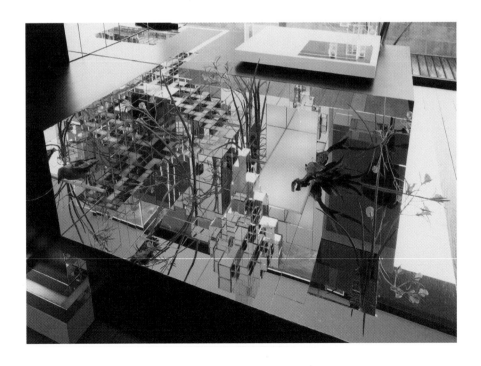

The Builders – 2005

socles et les bases de certaines œuvres (*Delicate Men in Positions of Power*, 2003 et *Untitled*, 2005). Ces graffitis, *Owl, Spit, Dissent Queer Build Clear, Raccoon, Swallow, Wasp* – pour ne citer que ceux-ci, sont souvent humoristiques et parfois associés à la culture gaie.

Sur un autre plan, il faut revenir un instant sur la grande fresque tissée en relief, perlée et intitulée *Anne Frank 2* (1999) dont il existe deux versions. Car c'est la première fois, dans sa démarche, que le mot fait œuvre. Ici, les filaments perlés sont travaillés de manière à former littéralement chaque lettre et produisent à grande échelle ce nom si pérenne de l'imaginaire collectif occidental. En faisant de ces deux mots une image, en faisant de cette image un logo qui n'est pas si distant de l'étoile de David tracée ailleurs comme un graffiti, la possibilité du politique dans l'œuvre prend un autre corps, une autre forme. La culture juive à laquelle appartient une branche de sa famille, ce qu'indique justement son propre nom – son nom propre, Altmejd –, devient pour un instant prépondérante. Cette façon de se relier culturellement à Anne Frank constitue un lien de généalogie, un lien de survivance, une affaire de filiation, de conduction de l'énergie inscrite dans les gènes, avec tout ce qui contribue à assurer la survivance mais à assumer tout autant une probable mutation. Dans le perlage étoilé mais flou du nom Anne Frank, dans le graphisme épuré et hésitant de l'étoile de David, une mémoire est transportée dans l'écriture, une énergie spirituelle s'énonce, un mot d'esprit, une perle – n'est-ce pas la manière de parler d'un jeu de mots – s'écrit au présent.

---

the work's political potential takes another body, another form. Jewish culture, to which a branch of his family belongs, as indicated by the proper name proper to him – Altmejd – predominates momentarily. This way of linking himself culturally to Anne Frank constitutes a genealogical link, a link of survival, a question of filiation, of the conduction of genetically inscribed energy, with all that contributes not only to ensuring survival but also to assuming a probable mutation. In the starry "soft-focus" beadwork of the name Anne Frank, in the spare, hesitant tracing of the Star of David, a memory is transported into the writing, a spiritual energy declares itself, a witticism, a gem – as one might call this play on words – is written in the present.

LECTURE

DEVANT l'œuvre si luxuriante de David Altmejd, il ne s'agit pas tant de considérer la mobilité d'une lecture ouverte à de multiples possibles que de considérer un sens ouvrant sur des mondes en condensation, en contraction, en compulsion. C'est l'image de la bibliothèque, aisément discernable dans les modules étagés et démultipliés construits par l'artiste, qui s'offre en représentation habile de cette cristallisation des temps, des images et des cultures à laquelle nous confronte l'œuvre. De Jérôme Bosch à Arnold Böcklin, de Diego Vélasquez à Robert Irwin, des bestiaires sculptés du Moyen Âge occidental à Dracula ou à King Kong, de Schoedsack et Cooper à David Cronenberg, se tissent la tonalité fantastique et la dimension encyclopédique de l'œuvre de David Altmejd. Mais cette *reliance* fertile qui se construit dans l'œuvre entre des mondes ouverts et ouvrants ne souffre pas du poids de la tradition. Car le miroir en déporte sans cesse l'image, s'attachant à capturer l'instant, à capter *de* l'instant, celui du visiteur sidéré, de l'observateur témoin, aux prises dans le présent de son propre regard toujours changeant, toujours changé. Ce reflet de lui-même s'empare de l'homme et de son destin dans un système où sentir, penser et agir s'établissent conformément à la prétendue nature primitive de l'humanité.

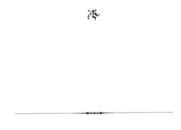

READING

BEFORE the luxuriance of Altmejd's work, it is not so much a matter of considering the mobility of a reading open to multiple potentialities as considering a meaning opening toward worlds in condensation, contraction, compulsion. The image of bookshelves – discernible in various multi-level modules the artist has constructed – is offered in a clever representation of the crystallization of the times, images and cultures the work brings us face to face with. From Hieronymus Bosch to Arnold Böcklin, from Diego Velázquez to Robert Irwin, from the sculpted bestiaries of the European Middle Ages to Dracula and King Kong, from Schoedsack and Cooper to David Cronenberg, the fantastic tonality and encyclopedic dimension of David Altmejd's work form a weave. But this fertile *interlinking* of open and opening worlds does not suffer under the weight of tradition. For the mirror ceaselessly diverts the image, seeking to capture the instant, to capture *something of* the instant, the instant of the dumbfounded visitor, the observer-witness in the present, in the throes of his own ever-changing, ever-changed gaze. This reflection of himself takes possession of man and his destiny in a system wherein to feel, think and act are established in conformity with humanity's supposedly primitive nature.

1 — David Altmejd, dans Randy Gladman, « 21ˢᵗ Century Werewolf Aesthetics. An Interview with David Altmejd », *C Magazine*, nᵒ 82 (Summer 2004), p. 41. Toutes les citations de l'artiste sont traduites par l'auteure.

2 — Pascal Quignard, *Sur le Jadis. Dernier royaume II*, Paris, Grasset, 2002, p. 18.

3 — Jean-Luc Nancy, *Au fond des images*, Paris, Galilée, 2003, p. 48.

4 — Jorge Luis Borges, « L'immortel », dans *L'aleph*, Paris, Gallimard, 1967, p. 22 (Coll. L'imaginaire).

5 — David Altmejd, dans Robert Enright, « Learning from Objects, an Interview with David Altmejd », *Border Crossings*, nᵒ 92, p. 68.

6 — *Idem*.

7 — David Altmejd, dans Randy Gladman, p. 38.

8 — David Altmejd, dans Robert Enright, p. 72.

9 — L'expression est de Michel Maffesoli.

10 — Pascal Quignard, *Sur le Jadis. Dernier royaume II*, p. 149.

11 — David Altmejd dans Robert Enright, p. 69.

12 — Pascal Quignard, *Vie secrète*, Paris, Gallimard, 1998, p. 146.

13 — *Idem*, p. 113.

14 — David Altmejd dans Robert Enright, p. 69.

15 — Jorge Luis Borges, « Les miroirs », dans *Œuvres complètes*, tome II, Paris, Gallimard, 1999, p. 33 (Coll. Bibliothèque de la Pléiade).

16 — Jean-Luc Nancy, p. 24.

17 — Pascal Quignard, *Vie secrète*, p. 399.

18 — David Altmejd dans Robert Enright, p. 72.

19 — Signalons que l'artiste a d'abord étudié la biologie avant d'entrer à l'École des arts visuels et médiatiques de l'UQAM à Montréal.

20 — David Altmejd, dans Robert Enright, p. 75.

21 — *Idem*.

22 — David Altmejd, dans Randy Gladman, p. 38-39.

1 — David Altmejd, in Randy Gladman, "21st Century Werewolf Aesthetics: An Interview with David Altmejd," *C Magazine* (Toronto), no. 82 (Summer 2004), p. 41.

2 — Pascal Quignard, *Sur le Jadis. Dernier royaume II* (Paris: Grasset, 2002), p. 18.

3 — Jean-Luc Nancy, *Au fond des images* (Paris: Galilée, 2003), p. 48.

4 — *Confusas pompas*. Jorge Luis Borges, "El inmortal," in *El Aleph* (Buenos Aires: Emecé, 1957), p. 14.

5 — David Altmejd, in Robert Enright, "Learning from Objects: An Interview with David Altmejd," *Border Crossings*, no. 92, p. 68.

6 — *Ibid*.

7 — David Altmejd, in R. Gladman, p. 38.

8 — David Altmejd, in R. Enright, p. 72.

9 — The expression (*raison sensible*) is Michel Maffesoli's.

10 — P. Quignard, *Sur le Jadis*, p. 149.

11 — David Altmejd, in R. Enright, p. 69.

12 — Pascal Quignard, *Vie secrète* (Paris: Gallimard, 1998), p. 146.

13 — *Ibid.*, p. 113.

14 — David Altmejd, in R. Enright, p. 69.

15 — *Nos acheca el cristal. Si entre las cuatro / paredes de la alcoba hay un espejo, / ya no estoy solo. Hay otro. Hay el reflejo / que arma en el alba un sigiloso teatro.* Jorge Luis Borges, "Los espejos," in *El hacedor* (Madrid: Alianza, 1997), p. 72.

16 — J.-L. Nancy, *Au fond des images*, p. 24.

17 — P. Quignard, *Vie secrète*, p. 399.

18 — David Altmejd, in R. Enright, p. 72.

19 — The artist studied biology before entering the school of visual and media arts at the Université du Québec à Montréal.

20 — David Altmejd, in R. Enright, p. 75.

21 — *Ibid*.

22 — David Altmejd, in R. Gladman, pp. 38-39.

The Outside, the Inside, the Praying Mantis – 2005

The Outside, the Inside, the Praying Mantis – 2005

The Settler – 2005

The Settler – 2005

DIAVDTMEJD

Biobibliographie / Biobibliography

David Altmejd, né à Montréal (Québec, Canada), détient un bac en arts visuels de l'Université du Québec à Montréal (1998) et une maîtrise en arts visuels de l'Université Columbia (2001) à New York. Il vit à Brooklyn et Londres. Il est représenté par Andrea Rosen Gallery à New York et par Modern Art inc. à Londres.

David Altmejd, born in Montreal (Quebec, Canada), holds a B. F. A. from the Université du Québec à Montréal (1998) and a M. F. A. from Columbia University (2001), New York. He lives and works in Brooklyn and London. He is represented by Andrea Rosen Gallery in New York and Modern Art inc. in London.

Expositions individuelles / Solo Shows

2007 *David Altmejd. Métamorphose / Metamorphosis,* Galerie de l'UQAM, Université du Québec à Montréal, Montréal, Québec, Canada [Louise Déry, commissaire]. Circulation canadienne : Oakville Galleries, Oakville, Ontario ; Illingworth Kerr Gallery, Alberta College of Art & Design, Calgary, Alberta.

David Altmejd, Andrea Rosen Gallery, New York.

2006 David Altmejd, Modern Art, Londres, Angleterre.

2005 *David Altmejd,* Galerie Xavier Hufkens, Bruxelles, Belgique.

2004 *David Altmejd,* Andrea Rosen Gallery, New York, États-Unis.

2003 *David Altmejd,* Optica, Montréal.

Sarah Altmejd, Skol, Montréal.

2002 *Clear Structures for a New Generation,* Ten in One Gallery, New York.

1999 *Modèles d'esprit et jardins intérieurs,* Galerie B-312, Montréal.

1998 *Table nº 2,* Skol, Montréal.

Jennifer, Galerie Clark, Montréal.

Expositions collectives / Group Shows

2005-06 *Blake & Sons. Alternative Lifestyles and Mysticism in Contemporary Art,* Lewis Glucksman Gallery, University College, Cork, Irlande [René Zechlin, commissaire].

2005 *L'écho des limbes,* Leonard and Bina Ellen Art Gallery, Concordia University, Montréal [Nathalie de Blois, commissaire].

Ideal Worlds. New Romanticism in Contemporary Art, Schirn Kunsthalle Francfort, Allemagne [Max Hollein et Martina Weinhart, commissaires].

David Altmejd, Mathew Cerletty, Kirsten Everberg, Alisa Margolis et Sophie Von Hellermann, Galerie Ghislaine Hussenot, Paris, France.

2004 *Scream,* Anton Kern Gallery, New York [Fernanda Arruda et Michael Clifton, commissaires].

Noctambule, Fondation Dosne, Bibliothèque Thiers, Paris [organisé par D'Amelio Terras Gallery, New York].

Whitney Biennial, Whitney Museum of American Art, New York [Chrissie Iles, Shamim M. Momin, Debra Singer, commissaires].

2003 *Corporate Profit vs. Labor Costs,* D'Amelio Terras Gallery, New York [John Connelly, commissaire].

Licht, Art Forum Berlin, Berlin [organisé par Optica, Montréal].

Life / Like, Apartment 5BE Gallery, New York.

Material Eyes, LFL Gallery, New York.

8ᵉ Biennale d'Istanbul, Istanbul, Turquie [Dan Cameron, commissaire].

Détournements, Maison de la Culture Côte-des-Neiges, Montréal [Pascal Beaudet, commissaire].

2002   *Demonclownmonkey*, Artist Space, New York [Matthew Ritchie, commissaire].

Point de chute, Centre d'art contemporain, Bruxelles [Louise Déry, commissaire].

Lucky Draw, Deitch Projects, New York.

2001   *Point de chute*, Galerie de l'UQAM, Montréal [Louise Déry, commissaire].

How I Learned to Stop Worrying and Love the Recession, Ten in One Gallery, New York.

Interval, Sculpture Center, New York.

1998   *Les Bricolos*, Galerie Clark, Montréal [Nicolas Baier et Emmanuel Galland, commissaires].

David Altmejd, Yan Chubby, Patrick Coutu, Daniel Langevin, Espace 403, Montréal.

Artifice 98 [organisé par The Saidye Bronfman Center, Montréal ; Marie-Michèle Cron, David Liss et Katia Meir, commissaires].

Stimuli, Maison de la culture Frontenac, Montréal.

Catalogues

Bellemare Brière, Véronique.- « Table n° 2 ».- Cahier n° 7.- [4] p. dans *Skol 1997-1998*.- Montréal : Skol, 1998.- 15 cahiers.- [60] p.

De Blois, Nathalie. - *L'écho des limbes*.- Montréal : Leonard & Bina Ellen Art Gallery, Concordia University.- 2005.- 64 p.

Déry, Louise.- *David Altmejd*.- Montréal : Galerie de l'UQAM, 2006.- 112 p.

Déry, Louise.- *Point de chute*.- Montréal : Galerie de l'UQAM, Université du Québec à Montréal, 2001.- 111 p. (autre texte d'Anne-Marie Ninacs).

Déry, Louise.- *David Altmejd – Point de chute*.- Montréal : Galerie de l'UQAM, 2001.- 19 p. (tiré à part).

Duhamel, Patrice.- « Jennifer ».- *David Altmejd installation : Pascal Grandmaison photographie*.- Montréal : Galerie Clark, 1998.- [4] p.

Girard, Cynthia.- « Modèles d'esprit et jardins intérieurs ».- Cahier n° 35.- [4] p. dans *Les cahiers de la Galerie B-312 : Édition 1998-1999 : Coffret n° 3*.- Montréal : Galerie B-312, 1999.- 9 cahiers.- [38] p.

Hollein, Max et Martina Weinhart.- *Ideal Worlds. New Romanticism in Contemporary Art*.- Francfort : Schirn Kunsthalle, 2005.- 304 p.

Iles, Chrissie, Shamim M. Momin et Debra Singer.- *The Whitney Biennal*.- New York : The Whitney Museum of American Art, 2004.- 272 p.

Articles (sélection)

Altmejd, David.- « A Brilliant Idea ».- *Crystallized*.- New York, vol. 2005, n° 6, Spring-Summer, 2005.- p. 15.

Armetta, Amoreen.- « New York: Andrea Rosen Gallery: David Altmejd ».- *Contemporary*.- New York, n° 70, March 2005.- p. 75-76.

Bankowsky, Jack.- « This Is Today ».- *ArtForum International*.- New York, vol. 42, n° 9, May 2004.- p. 233.

Beyer, Charles G.- « Scream ».- *Flash Art*.- Milan, vol. 37, n° 235, March-April 2004.- p. 60.

Blais, Marie-Christine.- « Jeux ou sculptures? : À mi-chemin entre la Batmobile macabre et le mini-golf psychédélique ».- *La Presse*.- Montréal, 3 août 1998.- p. C6.

Blais, Marie-Christine.- « Ces jeunes, pas si jeunes, qui impressionnent ».- *La Presse*.- Montréal, 2 janvier 1999.- p. D9.

« David Altmejd ».- *The New Yorker*.- New York, November 25, 2002.- p. 17.

Dunn, Melissa.- « Whitney Biennial 2004: A Good-Looking Corpse ».- *Flash* Art.- Milan, vol. 37, n° 236, May-June 2004.- p. 63, 80.

Duplat, Guy.- « Le sculpteur de loups-garous ».- *La Libre Belgique*.- Bruxelles, 30 mars 2005.- p. 32.

Enright, Robert.- « Learning From Objects: An Interview with David Altmejd ».- *Border Crossings*.- Winnipeg, n° 92, 2004.- p. 67-75.

Fusco, Maria.- « Public Art Fund Projects ».- *Art Monthly*.- Londres, n° 277, June 2004.- p. 26-27.

Gladman, Randy.- « 21st Century Werewolf Aesthetics – An Interview with David Altmejd ».- *C Magazine*.- Toronto, n° 82, Summer 2004.- p. 36-41.

Glueck, Grace.- « David Altmejd ».- *The New York Times*.- New York, November 26, 2004.- p. E41.

Heartney, Eleanor.- « Report From New York: The Well-Tempered Biennial ».- *Art in America*.- New York, n° 6, June-July 2004.- p. 70-77.

Heather, Rosemary.- « Pro-Canadianism ».- *C Magazine*.- Toronto, n° 82, Summer 2004.- p. 4.

Herbert, Martin.- « The The ».- *Time Out London*.- Londres, July 20-27, 2005, n. p.

Johnson, Ken.- « Demonclownmonkey ».- *The New York Times*.- New York, April 19, 2002.

Johnson, Ken.- « Material Eyes ».- *The New York Times*.- New York, January 9, 2004.- p. E44.

Johnson, Ken.- « Scream ».- *The New York Times*.- New York, February 13, 2004.- p. E36.

Johnson, Ken.- « Is Sculpture Too Free for its Own Good? ».- *The New York Times*.- New York, May 7, 2004.- p. E36.

Kastner, Jeffrey.- « David Altmejd – Andrea Rosen Gallery ».- *ArtForum International*.- New York, vol. 43, n° 5, January 2005.- p. 180-181.

Kimmelman, Michael.- « Touching All Bases at the Biennial ».- *The New York Times*.- New York, March 12, 2004.- p. E27.

Lamarche, Bernard.- « De Visu – Réenchanter l'art ».- *Le Devoir*.- Montréal, 19-20 novembre 2005.- p. C-5.

Larson, Kay.- « Beautiful Mutants ».- *Art News*.- New York, February 2006.- p. 106.

Lee, Chris.- « Death Becomes Them ».- *Black Book*.- New York, Fall 2004.- p. 190-192.

Lee, Pamela M.- « Crystal Lite ».- *ArtForum International*.- New York, vol. 42, n° 9, May 2004.- p. 174-175.

Marchand, Keith.- « Art Machines ».- *The Mirror*.- Montréal, 20-27 août 1998.- p. 41.

McCormack, Derek.- « Hairy Winston ».- *The Look*.- New York, Summer 2004.- p. 30.

Miles, Christopher.- « David Altmejd ».- *Frieze*.- Londres, n° 88, January-February 2005.- p.98.

Pelletier, Sonia.- « Un jardin de trouvailles ».- *Le Devoir*.- Montréal, 17 mars 2001.- p. D9.

Neil, Jonathan T. D.- « David Altmejd: Johnathan T. D. Neil on Gothic Horrors and Crystal Methods ».- *Modern Painters*.- Londres, November 2005.- p. 64-65.

Saltz, Jerry.- « Something Else ».- *The Village Voice*.- New York, May 7, 2002.-

Saltz, Jerry.- « Modern Gothic ».- *The Village Voice*.- New York, February 4-10, 2004.- p. C85.

Saltz, Jerry.- « The OK Corral ».- *The Village Voice*.- New York, March 17-23, 2004.- p. C80.

Schmerler, Sarah.- « David Altmejd at Andrea Rosen ».- *Art in America*.- New York, n° 3, March 2005.- p. 132-133.

Scott, Andrea K.- « David Altmejd, Dana Schutz and Kristen Stoltmann, "Material Eyes" ».- *Time Out New York*.- New York, January 1-8, 2004.- p. 52.

Shollis, Brian.- « David Altmejd: Hideous Progeny ».- *Flash Art*.- Milan, vol. 37, n° 235, March-April 2004.- p. 100-102.

Smith, Roberta.- « David Altmejd "Clear Structures for a New Generation" ».- *The New York Times*.- New York, November 29, 2002.- p. E36.

Spaid, Sue.- « David Altmejd ».- *Art US*.- New York, March-April 2005.- p. 41.

Sundell, Margaret.- « The Today Show ».- *Time Out New York*.- New York, March 25-April 1, 2004.- p. 56-57.

Tsai, Eugenie.- « Reviews – David Altmejd ».- *Time Out New York*.- New York, November 11-17, 2004.- p. 65.

Velasco, David.- « Monsters in the Closet: Learning to Love David Altmejd's Werewolves ».- *Art Papers,* July-August 2005.- p. 34-37.

Wiley, Kehinde.- « Top Ten ».- *Artforum*.- New York, April 2005.- p. 82.

Wright, Karen.- « Karen Wright's Gallery ».- *Modern Painters*.- Londres, vol. 17, n° 2, Summer 2004.- p. 134-135.

Liste des reproductions / List of illustrations

* Hauteur × largeur × profondeur / height × width × depth
~ : dimensions approximatives / approximate dimensions

Untitled, 1997
table, moteur, 6 vases en céramique / table, motor, 6 ceramic vases
22 × 213 × 122 cm / 48 × 84 × 48 in

Table nº 2, 1998
table, moteurs, perruques, fil de métal, bois, détecteur de mouvement /
table, motors, synthetic wigs, wire, wood, motion detector
76,2 × 152,4 × 76,2 cm / 30 × 60 × 30 in

Aménagement des énergies, 1998
table, équipement audio, bois, cristaux, peinture, latex / table, audio
equipment, wood, crystals, paint, latex
76,2 × 152,4 × 76,2 cm / 30 × 60 × 30 in

Jennifer, 1998
tables, chaises, plexiglas, bois, peinture, équipement audio, système
d'éclairage, détecteur de mouvement, acétate, mylar, polystyrène expansé,
cheveux synthétiques / tables, chairs, Plexiglas, wood, paint, audio
equipment, lighting system, motion detector, acetate, mylar, styrofoam,
synthetic hair dimensions variables / variable dimensions

Sans titre, 1999
plâtre / plaster
30,4 × 30,4 × 30,4 cm / 12 × 12 × 12 in

Sans titre. L'idée dure de l'homme lui sort par la tête, 1999
plâtre, perles de verre et de plastique / plaster, glass beads, plastic beads
60,8 × 60,8 × 60,8 cm / 24 × 24 × 24 in

Anne Frank 2, 1999
bois, fil de métal, perles de verre, peinture, crayon / wood, wire, glass
beads, paint, pencil
182,9 × 304,8 cm / 72 × 120 in

Loup-garou 1, 1999
bois, peinture, plexiglas, système d'éclairage, plâtre, pâte à modeler
polymère, cheveux synthétiques, acétate, mylar, bijoux, brillants / wood,
paint, Plexiglas, lighting system, plaster, polymer clay, synthetic hair, acetate,
mylar, jewellery, glitter
~ 214 × 198 × 244 cm / 84 × 78 × 96 in

Loup-garou 2, 2000
bois, peinture, plexiglas, miroir, système d'éclairage, plâtre, pâte à modeler
polymère, résine, cheveux synthétiques, fleurs synthétiques, acétate, mylar,
brillants / wood, paint, Plexiglas, mirror, lighting system, plaster, polymer
clay, synthetic hair, synthetic flowers, acetate, mylar, glitter
~ 243,8 × 182,9 × 213,4 cm / 96 × 72 × 84 in

Untitled, 2000
miroir, bois / mirror, wood
~ 243,8 × 152,4 × 152,4 cm / 96 × 60 × 60 in

Untitled (Dark), 2001
plâtre, peinture, résine, pâte à modeler polymère, cheveux synthétiques,
brillants / plaster, paint, resin, polymer clay, synthetic hair, glitter
20,3 × 35,6 × 20,3 cm / 8 × 14 × 8 in

Untitled (White), 2001
plâtre, peinture, résine, pâte à modeler polymère, cheveux synthétiques,
brillants / plaster, paint, resin, polymer clay, synthetic hair, glitter
18 × 38 × 23 cm / 7 × 15 × 9 in

Modèles nouveaux pour jeunes activistes, 2002
bois, peinture, miroir, plexiglas, système d'éclairage, plâtre, résine, pâte à
modeler polymère, cheveux synthétiques, bijoux, fil de fer, chaîne, perles,
brillants / wood, paint, mirror, Plexiglas, lighting system, plaster, resin,
polymer clay, synthetic hair, jewellery, wire, chain, beads, glitter
~ 102 × 198 × 129 cm / 40 × 78 × 51 in

Clear Structures for a New Generation, 2002
bois, peinture, miroir, plâtre, résine, pâte à modeler polymère, cheveux
synthétiques, bijoux, fil de fer, chaîne, perles, brillants / wood, paint,
mirror, resin, plaster, polymer clay, synthetic hair, jewellery, wire, chain,
beads, glitter
~ 152,4 × 457,2 × 487,7 cm / 60 × 180 × 192 in

Delicate Men in Positions of Power, 2003
bois, peinture, plexiglas, miroir, système d'éclairage, plâtre, résine,
polystyrène expansé, fleurs synthétiques, tissus, cheveux synthétiques,
papier, bijoux, fil de fer, chaîne, perles, brillants / wood, paint, Plexiglas,
mirror, lighting system, plaster, resin, foam, synthetic flowers, fabric,
synthetic hair, paper, jewellery, wire, chain, beads, glitter
244 cm × 488 × 457 cm / 96 × 192 × 180 in

The Old Sculptor, 2003
bois, peinture, miroir, ciment, résine, cheveux synthétiques, fleurs
synthétiques, polystyrène expansé, pâte à modeler polymère, fil de fer,
chaîne, papier, bijoux, perles, brillants / wood, paint, mirror, cement, resin,
synthetic hair, synthetic flowers, foam, polymer clay, wire, chain, paper,
jewellery, beads, glitter
121,9 × 320 × 213,4 cm / 48 × 126 × 84 in

Sarah Altmejd, 2003
plâtre, peinture, polystyrène expansé, cheveux synthétiques, fil de fer,
chaîne, bijoux, brillants / plaster, paint, styrofoam, synthetic hair, wire,
chain, jewellery, glitter
~ 40,6 × 17,8 × 17,8 cm / 16 × 7 × 7 in

Untitled (Swallow), 2004
Polystyrène expansé, résine, peinture, cheveux synthétiques, bijoux,
brillants / foam, resin, paint, synthetic hair, jewellery, glitter
55,8 × 97,1 × 101,6 cm / 22 × 38 × 40 in

Untitled (Bluejay), 2004
polystyrène expansé, résine, peinture, cheveux synthétiques, papier,
bijoux, fil de fer, chaînes, brillants / foam, resin, paint, synthetic hair, paper,
jewellery, wire, chain, glitter
88,9 × 86,4 × 101,6 cm / 35 × 34 × 40 in

The Student, 2004
bois, peinture, plexiglas, miroir, système d'éclairage, plâtre, résine,
polystyrène expansé, fleurs synthétiques, tissus, cheveux synthétiques,
papier, bijoux, fil de fer, chaîne, brillants / wood, paint, Plexiglas, mirror,
lighting system, plaster, resin, foam, synthetic flowers, fabric, synthetic hair,
paper, jewellery, wire, chain, glitter
183 × 244 × 244 cm / 72 × 96 × 96 in

The Sculptor's Oldest Son, 2004
bois, peinture, plexiglas, miroir, système d'éclairage, ciment, plâtre,
polystyrène expansé, pâte à modeler polymère, cheveux synthétiques,
acétate, mylar, bijoux, fil de fer, chaîne, papier, perles, brillants / wood,
paint, Plexiglas, mirror, lighting system, cement, plaster, foam, polymer clay,
synthetic hair, acetate, mylar, jewellery, wire, chain, paper, beads, glitter
170 × 304 × 183 cm / 67 × 120 × 72 in

Le dormeur du val, 2004
bois, peinture, plexiglas, miroir, système d'éclairage, plâtre, résine, polystyrène expansé, fleurs synthétiques, tissus, cheveux synthétiques, papier, bijoux, fil de fer, chaîne, perles, brillants / wood, paint, Plexiglas, mirror, lighting system, plaster, resin, foam, synthetic flowers, fabric, synthetic hair, paper, jewellery, wire, chain, beads, glitter
152,4 x 244 x 304,8 cm / 60 x 96 x 120 in

The University 1, 2004
miroir, bois / mirror, wood
168 x 180 x 269 cm / 66 x 71 x 106 in

The University 2, 2004
Bois, peinture, plexiglas, miroir, système d'éclairage, plâtre, résine, polystyrène expansé, fleurs synthétiques, cheveux synthétiques, mylar, pierres, papier, bijoux, tissus, fil de fer, chaîne, perles, paillette / wood, paint, Plexiglas, mirror, plaster, foam, resin, lighting system, synthetic flowers, synthetic hair, mylar, minerals, paper, jewellery, fabric, wire, chain, beads, glitter
280 x 550 x 650 cm / 107 x 215 x 252 in

Untitled, 2004
plâtre, résine, peinture, cheveux synthétiques, bijoux, brillants / plaster, resin, paint, synthetic hair, jewellery, glitter
18 x 30,5 x 26,7 cm / 7 x 12 x 10 ½ in

Untitled, 2004
plâtre, résine, peinture, cheveux synthétiques, bijoux, brillants / plaster, resin, paint, synthetic hair, jewellery, glitter
23,6 x 35,8 x 30,7 cm / 9 ¼ x 14 x 12 in

The Lovers, 2004
bois, peinture, plexiglas, miroir, système d'éclairage, plâtre, résine, polystyrène expansé, cheveux synthétiques, bijoux, fil de fer, chaîne, brillants / wood, paint, Plexiglas, mirror, lighting system, plaster, foam, resin, synthetic hair, jewellery, wire, chain, glitter
114 x 229 x 137 cm / 45 x 90 x 54 in

Brother and Sister Projected, 2004
bois, peinture, plexiglas, miroir, système d'éclairage, plâtre, résine, polystyrène expansé, pierres, fleurs synthétiques, cheveux synthétiques, fil de fer, bijoux, chaîne, perles, brillants / wood, paint, Plexiglas, mirror, lighting system, plaster, resin, foam, minerals, synthetic flowers, synthetic hair, wire, chain, jewellery, beads, glitter
175,3 x 256,5 x 246,4 cm / 69 ½ x 101 x 97 in

The Academy, 2005
bois, peinture, plexiglas, miroir, polystyrène expansé, résine, cheveux synthétiques, plumes, système d'éclairage, fil de fer, chaîne, papier, pierres, œufs d'oiseaux, perles, brillants / wood, paint, Plexiglas, mirror, foam, resin, synthetic hair, synthetic flowers, jewellery, feathers, lighting system, wire, chain, paper, minerals, bird eggs, beads, glitter
203 x 163 x 244 cm / 80 x 64 x 96 in

The Builders, 2005
bois, peinture, plexiglas, miroir, système d'éclairage, résine, polystyrène expansé, cheveux synthétiques, fleurs synthétiques, bijoux, chaînes, fil de fer, plumes, pierres, papier, perles, brillants / wood, paint, Plexiglas, mirror, lighting system, resin, foam, synthetic hair, synthetic flowers, jewellery, chain, wire, feathers, minerals, paper, beads, glitter
183 x 193 x 259 cm / 72 x 76 x 102 in

The Outside, the Inside, the Praying Mantis, 2005
bois, peinture, plexiglas, miroir, système d'éclairage, polystyrène expansé, résine, cheveux synthétiques, fleurs synthétiques, bijoux, chaînes, fil de fer, pierres, œufs de cailles, perles, brillants / wood, paint, Plexiglas, mirror, lighting system, resin, foam, synthetic hair, synthetic flowers, jewellery, chain, wire, minerals, quail eggs, beads, glitter
170,2 x 152,4 x 213,4 cm / 67 x 60 x 84 in

The Settler, 2005
bois, peinture, plexiglas, miroir, polystyrène expansé, résine, cheveux synthétiques, système d'éclairage, chaussure, fil de fer, brillants / wood, paint, Plexiglas, mirror, foam, resin, synthetic hair, lighting system, shoes, wire, beads, glitter
142,2 x 335,3 x 228,6 cm / 56 x 132 x 90 in

The Settlers, 2005
bois, peinture, plexiglas, miroir, polystyrène expansé, résine, système d'éclairage, cheveux synthétiques, montre digitale, chaussure, tissu, chaîne, fil de fer, brillants / wood, paint, Plexiglas, mirror, foam, resin, lighting system, synthetic hair, digital watch, shoe, fabric, chain, wire, glitter
127 x 183 x 305 cm / 50 x 72 x 120 in

Untitled, 2005
plâtre, résine, peinture, cheveux synthétiques, bijoux / plaster, resin, paint, synthetic hair, jewellery
23 x 25,4 x 20,3 cm / 9 x 10 x 8 in

Untitled, 2005
plexiglas, chaînes dorées / Plexiglas, gold chains
92 x 163,6 x 84,3 cm / 36 x 64 x 33 in (base); 84,3 x 155,9 x 74,1 cm / 33 x 61 x 29 in (dessus / top)

Untitled, 2005
bois, peinture / wood, paint
76,7 x 35,8 x 57,5 cm / 30 x 14 x 12 in

Collaborateurs / Collaborators

Louise Déry est détentrice d'un doctorat en histoire de l'art et dirige la Galerie de l'Université du Québec à Montréal depuis 1997. Elle est commissaire, auteure et professeure. Elle a été conservatrice au Musée national des beaux-arts du Québec ainsi qu'au Musée des beaux-arts de Montréal. Depuis les années 90, elle a travaillé avec de nombreux artistes tels que Dominique Blain, Raphaëlle de Groot, Anthony Gormley, Nancy Spero, David Altmejd, Michael Snow, Daniel Buren, Giuseppe Penone, Sarkis, etc. Elle a publié plus de 50 catalogues d'exposition. Elle a créé une pratique de commissariat appuyée sur le principe de la conversation entre les œuvres et avec les artistes, privilégiant un rapport à l'art nourri d'incertitude et vécu comme le centre de sa réflexion. Récemment, elle réalisait une exposition et un livre (à paraître) avec le philosophe Jean-Luc Nancy.

Donald Pistolesi a fait ses études à l'Eastman School of Music de l'université de Rochester (New York), où il a obtenu un diplôme en interprétation (violoncelle). Il s'installe au Québec en 1975 et depuis 1979, il fait partie de l'orchestre des Grands Ballets canadiens de Montréal. Pendant 12 ans, il occupe le poste de traducteur-réviseur au Musée des beaux-arts de Montréal. Il travaille maintenant comme traducteur indépendant, spécialisé dans le domaine des beaux-arts.

Marc-André Roy est diplômé de l'École de design de l'Université du Québec à Montréal. En juin 2004, il a reçu avec mention le titre de MISTD (Member of the International Society of Typographic designer) à Londres. Depuis, la typographie occupe une place prépondérante dans son travail. Dans le cadre du concours Grafika, il s'est vu décerner le grand prix étudiant en 2004, puis successivement en 2005 et en 2006, il est lauréat dans la catégorie « catalogue d'exposition » avec des ouvrages publiés par la Galerie de l'UQAM. Récemment il a fondé Makara, son studio de design graphique.

Louise Déry holds a doctorate in art history and has been director of the Galerie de l'Université du Québec à Montréal since 1997. An exhibition curator, author and teacher, she has also served as curator at both the Musée national des beaux-arts du Québec and the Montreal Museum of Fine Arts. Since the 1990s, she has worked with numerous artists, including Dominique Blain, Raphaëlle de Groot, Anthony Gormley, Nancy Spero, David Altmejd, Michael Snow, Daniel Buren, Giuseppe Penone and Sarkis. She has published more than 50 exhibition catalogues. Louise Déry has created a curatorial practice based on the principle of conversation among artworks and with artists. This approach establishes a relationship with art that is fuelled by uncertainty and experienced as the focus of her reflection. Recently, she produced an exhibition and book (forthcoming) with the philosopher Jean-Luc Nancy.

Donald Pistolesi studied at the Eastman School of Music of the University of Rochester, New York, where he obtained a diploma in violoncello performance. He relocated to Quebec in 1975, and since 1979 has been a member of the Orchestre des Grands Ballets canadiens de Montréal. He held the post of translator-revisor at the Montreal Museum of Fine Arts for 12 years and now works as a freelance translator, specializing in the fine arts.

Marc-André Roy is a graduate of the Université du Québec à Montréal's École de design. In June 2004, he was made Member of the International Society of Typographic Designers with distinction (MISTD) in London. Since then, typography has predominated in his work. He won the grand prize, student category, of the Grafika competition in 2004 and the following two years was a winner in the exhibition catalogue category, for books published by the Galerie de l'UQAM. Recently, he founded Makara, a graphic design studio.

Untitled – 2005

Cette publication, produite par la Galerie de l'Université du Québec à Montréal, a été rendue possible grâce au soutien financier de l'Université du Québec à Montréal, du Conseil des Arts du Canada, du ministère du Patrimoine canadien et de la Andrea Rosen Gallery, New York. Elle accompagne une exposition itinérante du même titre:

Oakville Galleries in Gairloch Gardens, Oakville (Ontario): 27 janvier au 25 mars 2007
Galerie de l'UQAM, Montréal (Québec): 10 mai au 8 juillet 2007
Illingworth Kerr Gallery, Alberta College of Art & Design, Calgary (Alberta): 13 septembre au 27 octobre 2007

Direction de la publication: Louise Déry
Rédaction des textes: Louise Déry
Révision: Micheline Dussault
Lecture d'épreuves: Ève-Lyne Beaudry, Sarah Boucher et Audrey Genois
Traduction: Donald Pistolesi
Révision de l'anglais: Jane Jackel
Conception graphique: Marc-André Roy et Sabrina Dufort-Boucher, de Makara
Impression: Transcontinental

Photos:

Avec l'aimable gracieuseté de / Courtesy of Andrea Rosen Gallery, New York:
Pascal Grandmaison (60, 62, 64, 65); Aimee Genell (24-25, 26, 30, 50, 52-53, 56-57, 58); Richard-Max Tremblay (28-29); Ron Amstutz (32, 34, 54); Philippe de Gobert (36, 37); Jeff Sturges (38, 40, 41, 42); Thibault Jeanson (44, 45, 46, 47); Guy L'heureux (70); Tom Powell (66-67); Larry Lamay (56-57-58); Oren Slor (4-5, 10, 12-13, 14, 18, 19, 20, 22, 80, 82, 86-87); Matt Bruce (72, 73, 81); Rob Kassabian (93, 94-95); Denis Farley (96, 97, 98-99); FXP Photography (100-101); Jürg Isler (76); Adam Reich (77); Bill Orcutt (68-69); Bertrand Huet (78-79).

Avec l'aimable gracieuseté de / Courtesy of Xavier Hufkens, Bruxelles:
Vincent Everarts (84, 88-89, 111).

Couverture / cover: The Settler, 2005, photo Denis Farley.

ISBN 2-920325-95-7

Galerie de l'UQAM
Direction: Louise Déry
Adjointe à la conservation: Audrey Genois
Secrétariat: Marie Primeau
Direction technique: Johane Levesque et Louis-Philippe Côté

Galerie de l'UQAM
Case postale 8888, succursale Centre-ville
Montréal (Québec)
H3C 3P8 CANADA
Téléphone: (514) 987-8421
Télécopieur: (514) 987-6897
galerie@uqam.ca
www.galerie.uqam.ca

Distribution
ABC Livres d'art Canada
372, rue Sainte-Catherine Ouest, suite 229
Montréal (Québec)
H3B 1A2 CANADA
Téléphone: (514) 871-0606
Télécopieur:(514) 871-2112
Sans frais: 1 (877) 871-0606
info@ABCartbookscanada.com

Catalogage avant publication de Bibliothèque et Archives Canada
Déry, Louise, 1955-
David Altmejd
Comprend des réf. bibliogr.
Texte en français et en anglais.
ISBN 2-920325-95-7
I. Altmejd, David, 1974- . I. Altmejd, David, 1974- .
II. Galerie UQAM. III. Titre.
NB249.A47A4 2006 730.92 C2006-940474-7F

Library and Archives Canada
Cataloguing in Publication
Déry, Louise, 1955-
David Altmejd
Includes bibliographical references.
Text in French and English.
ISBN 2-920325-95-7
I. Altmejd, David, 1974- . I. Altmejd, David, 1974- .
II. Galerie UQAM. III. Title.
NB249.A47A4 2006 730.92 C20